中國道教文化研究

二 編

第 20 冊

大六壬的古天文學原理及
心智哲學機理研究（上）

冉 景 中 著

花木蘭文化事業有限公司

國家圖書館出版品預行編目資料

大六壬的古天文學原理及心智哲學機理研究（上）／冉景中
著 — 初版 — 新北市：花木蘭文化事業有限公司，2020〔民
109〕
目 4+162 面；19×26 公分
（中國道教文化研究 二編；第 20 冊）
ISBN 978-986-485-716-6（精裝）
1. 天文學 2. 學術研究
030.8   108001215

ISBN-978-986-485-716-6

9 789864 857166

中國道教文化研究
二 編 第二十冊   ISBN：978-986-485-716-6

大六壬的古天文學原理及心智哲學機理研究（上）

作　　者　冉景中
總 編 輯　杜潔祥
副總編輯　楊嘉樂
編　　輯　許郁翎、張雅淋　美術編輯　陳逸婷
出　　版　花木蘭文化事業有限公司
發 行 人　高小娟
聯絡地址　235 新北市中和區中安街七二號十三樓
　　　　　電話：02-2923-1455／傳真：02-2923-1452
網　　址　http://www.huamulan.tw 信箱 hml810518@gmail.com
印　　刷　普羅文化出版廣告事業
初　　版　2020 年 3 月
全書字數　215282 字
定　　價　二編 21 冊（精裝）台幣 42,000 元

大六壬的古天文學原理及心智哲學機理研究（上）

冉景中　著

作者簡介

冉燮濤，字景中，號赤甲聃，癸丑子月生，夔州（重慶奉節）人氏，哲學博士（中國社會科學院），曾在軍隊服役 14 年（歷任助教、隊長、營教導員等職，期間獲工學學士、管理學碩士），現爲國際易學聯合會學術部副部長、中央民族大學道教與術數學研究中心研究員，對易學、數術學原理有長期深入的研究，其著作《大六壬的古天文學原理及心智哲學機理研究》是首部探討數術學原理和機理的書籍，被學界譽爲「有多方面開創性貢獻」的作品。

提　要

　　本研究是在作者的博士論文基礎上擴寫而成，主要由緒論、正文、結論三部分構成。

　　正文部分共九章，分爲上下兩篇，分別討論大六壬占法中的古天文學原理、預測機理及哲學意義等問題。

　　第二章從中國古代天文學、先民的生殖崇拜和先民對萬物起源的思考等幾個方面來探討大六壬的古老起源。第三章通過古代星占學、天文學和鬼神崇拜的研究，考察天一貴神的起源，探索「天傾西北」「天門地戶」這些說法的由來。第四章研究西周至東漢年間的曆法演變情況，考察大六壬「日在加時」占法的源流，並對《龜策列傳》宋元王夢占提出新的解釋。第五章研究考察「天一貴神」的算法原理，從而追溯天干五合及「五合化氣」思想與干支紀曆之產生。第六章在上篇以上諸章的研究基礎上，進一步討論大六壬的最終形成。

　　第七章通過多種數術的對比研究，考察人的二重認知模式及其呈現特點。第八章研究大六壬等數術的預測機理，用現代科學成果解釋「同氣相求」原理，並指出榮格「共時性原理」的不當之處。第九章通過六壬課、金錢卦的成卦（課）的現象，借用現代腦科學和行爲科學的成果，多角度多層次來研究必然與偶然、自由意志的問題。第十章對「善爲易者不占」的含義提出個人見解，對江湖上借占卜行騙的行爲進行揭露。

　　本書選題新穎，有很多原創性觀點。

目

次

上　冊

第一章　緒　論 ……………………………………… 1

　第一節　本研究的緣起和意義 ……………………… 1

　第二節　大六壬的歷史影響 ………………………… 5

　第三節　研究情況的回顧 …………………………… 8

　第四節　本書的基本構想 …………………………… 25

　第五節　本書的研究方法 …………………………… 26

　第六節　本書的創新點 ……………………………… 27

上　篇 ………………………………………………… 29

第二章　大六壬的古老起源 ………………………… 31

　第一節　圭表測影與冬至祭天 ……………………… 34

　第二節　「圭」的演變 ……………………………… 41

　第三節　天上的「表」 ……………………………… 43

　第四節　天上的「圭」 ……………………………… 47

　第五節　日躔與歲差 ………………………………… 49

　第六節　我從哪裡來？ ……………………………… 53

　第七節　萬物從哪裡來？ …………………………… 57

　第八節　九天玄女的原型——豬神 ………………… 59

　小結 ………………………………………………… 62

第三章　大六壬「天一貴神」起源考──兼論
　　　　「天門地戶」「天傾西北」之天文學原理
　　　　……………………………………………… 63
　　第一節　「天一貴神」是誰？ ………………… 65
　　第二節　近現代學者的爭論 …………………… 71
　　第三節　「天一」「天乙」「太一」名稱來源之檢討
　　　　　　…………………………………………… 72
　　第四節　「天一」「太一」星神由石申夫命名 …… 81
　　小結 ……………………………………………… 84

第四章　大六壬「日在加時」占法源流考──
　　　　兼論《龜策列傳》宋元王夢占之解析 …… 87
　　第一節　十二月將及相關問題 ………………… 88
　　第二節　西漢「六壬」式盤「月將」之考查 …… 96
　　第三節　簡牘中的「日在加時」占法 ………… 103
　　第四節　春秋以前曆法演變概況及相關問題討論 110
　　第五節　「月宿」曆法、占法以及宋元王夢占 … 119
　　小結 ……………………………………………… 124

第五章　「天一貴神」算法之考辨──兼論天干
　　　　「五合化氣」思想與干支紀曆之產生 ……… 127
　　第一節　文獻中的記載…………………………… 127
　　第二節　《吳越春秋》六壬案例分析 …………… 131
　　第三節　「天一貴神」算法原理之解析 ………… 141
　　第四節　餘論：戰國秦漢年間「天一」相關問題 151
　　小結 ……………………………………………… 155

第六章　大六壬的最終形成 ……………………… 157

下　冊

下　篇 ……………………………………………… 163

第七章　心靈世界的投影──由大六壬等數術
　　　　引出的二重認知模式之探討 ……………… 165
　　第一節　占驗率…………………………………… 166
　　第二節　可疑的神煞 …………………………… 170
　　第三節　運算中的疑點………………………… 176
　　第四節　心靈的世界及其呈現………………… 178

第五節 心靈感應 ……………………………………… 184

小結 ………………………………………………… 187

第八章 「同氣相求」原理闡微——兼論榮格
「共時性原理」之局限 ……………… 189

第一節 氣生萬物 ……………………………………… 189

第二節 象數模型簡論 ……………………………… 192

第三節 元素週期律、生物全息律、隱秩序與
分形 …………………………………………… 204

第四節 事物與事件皆振動 ……………………… 209

第五節 共時性原理之概述及評價 …………… 213

小結 ………………………………………………… 219

第九章 有限自由意志論——兼談命運的必然與
偶然 ……………………………………… 221

第一節 古聖先賢談命運 ………………………… 222

第二節 必然與偶然 ………………………………… 227

第三節 「不自由」的意志 ……………………… 231

第四節 意志自由之辯證 ………………………… 236

小結 ………………………………………………… 241

第十章 也談「善易者不卜」——兼談如何識別
江湖騙術 ……………………………………… 243

結論及展望 …………………………………………… 249

附 錄 …………………………………………………… 255

附錄1：秦漢年間歲首日月合朔入宿度之估算 … 255

附錄2：第四章 表4-6 ……………………………… 257

附錄3：第四章 表4-9 ……………………………… 260

附錄4：「天南地北」眞義考 ……………………… 264

附錄5：第七章「刑、德」推算方法之討論 …… 284

參考文獻 ……………………………………………… 299

後 記 …………………………………………………… 309

第一章　緒　論

第一節　本研究的緣起和意義

　　命運是人類的終極關懷，古今中外的人們都在研究祂。如果眞有一個左右人類吉凶禍福的「命運」存在，那麼是否可以預知？是否可以計算？是否可以趨吉避凶呢？這些問題，我們的祖先做過長久的探索與思考。考古發現，至少 9000 年前的賈湖人已經懂得用占卜的方式來探究命運。〔註1〕殷商甲骨文留下了大量的占卜遺跡，戰國秦漢以來則滋生出五花八門的占卜術。無獨有偶，世界各地各民族普遍擁有自己的占卜方法，並且有古老的傳承。然而，從未見低等的生物會有占卜行爲。這些現象說明，探究命運爲智慧生物獨有，這種行爲恰恰不是因之於愚昧，而是源於智慧的開啓、理性的萌芽。占卜行爲及其背後的思想和精神現象還需要研究，不能用封建迷信來簡單地一以概之。

　　古人說「天垂象，見吉凶」，即是說可以通過窺測天意的方式來探究人的命運。古人又認爲「天人合一」，於是古人對命運問題的探討實際上是對天人關係的探討。本文認爲這裡的「天」指自然環境。初民社會，生產力不發達，先民將天視作鬼神，人的命運完全受制於天（鬼神）；隨著生產力的逐步提高，也隨著人類認識能力的提升，古人認識到天的運行存在規律可循，規律即「數」，鬼神也要受制於「數」，於是古人認爲人的命運不能逃離「天數」。數術學正是在這樣一個文化背景下產生並發展起來的。

〔註1〕　宋會群著：《中國術數文化史》，鄭州：河南大學出版社，1999 年 8 月第一版，第 51～58 頁。

隨著人類生產力的不斷提升，科學技術的進步使人在「天人關係」中似乎越來越主動。人們在大自然面前越來越自信，有人提出「人定勝天」，然而隨著人類改造自然、征服自然的進程不斷加快，環境危機、生態危機不斷凸顯。同時，種族歧視、局部戰爭、恐怖襲擊也並未停止，人類的疾病花樣翻新也從未減少；另外，社會發展速度越來越快，人與人的競爭越來越激烈，人們的心理壓力越來越大、心理疾病越來越多。人類需要反思：天和人到底是一個什麼樣的關係？人類能不能把握自己的命運？

當前，人類對自然的認識在不斷加深，對自身的認識也在不斷深入。今天的腦科學、神經科學以及人類行為科學的研究發現人的思想和行為其實90%不受主觀意識控制，人類的精神現象、心智科學、心智哲學等問題的研究也正在受到越來越多的人的關注和重視。既然人的思想和行為 90%不受主觀意識控制，那受什麼控制呢？本文認為，這依然是一個天人關係的問題。這些問題都需要認真研究。

「數術」正是通過探究天的運動變化來預測人事吉凶禍福的一門技術，是古人對天人關係的思考與實踐的產物。本文欲從數術學的角度來研究命運，也即是通過占卜行為的研究來考察中國古人對「天人關係」的理解，其中涉及中國古代天文學、曆法學的重要概念，涉及中國哲學「天人合一」「氣生萬物」「同氣相求」等重要範疇，還涉及到人類精神現象的探討。但是數術門類眾多，《漢書·藝文志》將其分為天文、曆譜、五行、蓍龜、雜占、形法，而且「數術」的含義在歷史上的各個階段並不相同。所以，本文不可能將各種門類的數術一一展開來討論。本書主要研究大六壬，也含有筮占、金錢卦、子平術等內容，涉及到的知識包括天文、曆譜、五行、蓍占，但不包括龜卜、雜占、形法。

本研究之所以以「大六壬」為中心來展開，一是因為大六壬脫胎於中國古代天文學，起源相當古老，它是傳統數術最重要的代表之一，研究其天文學原理可以幫助我們瞭解中國哲學、宗教學、曆法學中一些重要概念、重要思想的來源；二是因為探求大六壬等數術的占法，分析其預測機理，能夠挖掘出屬於認知科學和心智哲學的內容，其中含有迷信、思辨以及科學思想多種成分，是研究人類精神現象，研究必然與偶然、命運可變不可變等哲學問題的重要資料，然而這一部分內容的研究在近一個世紀以來的中國一直屬於

灰色地帶，被國內學界忽略甚至是「談虎色變」。然而西方的學者，比較突出的如瑞士分析心理學家榮格、德國漢學家朗宓榭卻已經開展或正在開展相關問題的研究。

　　這裡想著重提及德國國家科學院院士朗宓榭先生，他自 2009 年以來主持以命理學爲重點的國際人文研究院，研究課題是「**命運、能動性及預測**」。他說：「這個課題不僅涉及古今中外，而且橫跨很多學科……因爲預測和決策緊密相連……沒有預測，又哪來的決策呢？……無論是夢書還是命學，在中國的過去、現在都不是顯學，而屬『小道』。但是我認爲，中華文明自一開始就深受預占的影響，占卜、命理系統之龐大和複雜（夢書也在其中），可謂世界之最……所以『小道』不僅可觀，而且應該關照研究，不能簡單地以『迷信學說』來做蓋棺定論。此外，從全球的視閾看，中國的『小道』完全可以成爲國際顯學，在世界性預測屢屢出現危機的情況下，也許能夠棋高一著，另出新著，來緩解這種種危機。」〔註 2〕他又說「柏林牆的倒塌，雷曼銀行破產後引發的經濟危機，以及很多和我們息息相關的政治、經濟事件，是用這種概率計算無法預測的……預測是人類共同的興趣和利益所在，……在所謂的科學預測屢屢失敗的今天，有必要重新反思預占在人類知識史上的地位。」〔註3〕

　　讀到這裡，筆者感到既振奮又遺憾。振奮的是，中國的老祖宗留下來的占卜術裏面有價值的內容正在逐漸受到國際學術界的重視。遺憾的是，別人把這些東西當做香噴噴，而我們自己卻把它們當垃圾。在中國的學術界過去出現過「敦煌在中國，敦煌學在外國」，「道教在中國，道教的研究在外國」，「中醫在中國，中醫的發揚光大卻在日本」（民國政府曾明文廢除中醫），「柔術和圍棋發源在中國，其繁榮卻在日本」的現象，難道曾經作爲世界之最的「中國數術」也要出現這種情況嗎？每每想到這裡，筆者就感到心痛。

　　好在近 20 年來，伴隨著改革開放的春風，國內學界從民俗學、文化學、宗教學的角度對中國的命理文化展開了許多有意義的探討。上海社會科學院研究員熊月之先生的研究成果很值得一提（該研究得到德國「國際命理學比較研究項目」的資助），他對近代中國的讀書人在命理學方面的興趣、實踐以及深層次的原因均有深入討論，文章談到曾國藩、嚴復、吳宓、沈有鼎等著

〔註 2〕〔德〕朗宓榭著，金雯、王紅妍譯：《小道有理：中西比較新視閾》，復旦大學光華人文傑出學者講座叢書，北京：三聯書店，2018 年 1 月第一版，第 2～7 頁。
〔註 3〕同上，第 28～29 頁。

名知識分子的命理實踐情況，詳見注釋。〔註4〕

〔註4〕 熊月之：《近代中國讀書人的命理世界》，《學術月刊》2015年第9期。文章提到：

　　茲以曾國藩（1811～1872）爲例。他表面上聲稱不信風水、占卜等，但事實上，還是有不少相信命理、涉足命理活動的記錄，有時信，有時不信。總體上說，他篤信相面，半信堪輿，半信扶乩，相信占卜。

　　相信相面，他用心研究過相人之術，有相當豐富的相面實踐。……

　　占卜方面。曾國藩幕僚趙烈文（1832～1893）對占卜很有造詣，其日記中有許多占卜記錄，所佔內容包括時局、健康等。他也占候，其預言屢次獲得證明。對於趙的占卜造詣，曾國藩相當器重。他們多次切磋占卜問題，趙也多次爲曾占卜時局與健康。1867年7月21日晚，他們討論時局。趙根據占卜結果，表示清朝覆滅恐怕不出五十年。曾認爲不至於此，趙從歷史演變的規律予以論證。從趙烈文日記看，曾國藩是相信占卜的。趙烈文篤信占卜預言，所以，太平軍被鎮壓下去以後，他就到常熟去做了隱士。……

　　嚴復（1854～1921）是近代中國接受西學、引進西學的先驅，也是命理活動積極參與者。他深通占卜之術，遇事愛卜，卜的內容包括家事、國事、財富、疾病、官運、婚姻、流年、見客等，自己卜也代兄弟姊妹卜。以1911年爲例，這年他見於日記的占卜活動就有20次，其中占財4次（包括開鋪、出外貿易），爲兄、弟、妹卜4次。茲舉幾例：……

　　對於占卜的過程、結果，他一一記錄下來，並留意驗證。日記中有多處日後補記驗證結果的文字。從對於卦象、爻辭的解讀來看，嚴復對於占卜相當內行，所用術語、推算原理，如吉、凶、生、剋、沖、合、動、化等，中規中矩，與通行的八卦五行學理完全吻合。

　　近代讀書人中，嚴復是比較相信西方科學的，不信鬼神，自稱「生平未聞一鬼，未遇一狐。不但搜神志怪，一以謬悠視之；即有先輩所談，亦反復於心，以爲難信」。但這似乎沒有影響他對占卜的熱衷。

　　自哈佛大學留學歸來的著名學者吳宓（1894～1978），對占卜興趣盎然，其日記留有多處占卜記錄。

　　1910年，吳宓即將離開陝西老家赴京參加清華留美學校的入學考試，動身前他占卜前程，卦語云：「海波兩頭高，飛蓬駕六鼈。居中能駁使，何怕涉風濤？」當時吳宓不懂卦語意思，直到1919年他到美國已兩年多，還對卦語記憶猶新，認爲此卦的要點是「居中」二字，亦即中國的「中庸」思想。這說明他對占卜一事很是在心。以後，吳宓遇到國家與個人重大變動之際，時常占卜，包括爲父親的安危、自己工作單位的選擇。吳宓最著名的命理活動是爲中國命運占卜：

　　1937年7月27日，日軍飛機轟炸並準備佔領北平，平津衛戍司令宋哲元將軍決意抵抗。此時吳宓、陳寅恪均在北平，深爲北京與整個中國命運擔憂。吳宓以《周易》占卜，得「解」卦，其辭爲：「利西南，無所往也，其來復吉，有攸往，夙吉。」卦文爲：「天地解而雷雨作，雷雨作而百果草木皆甲坼，解之時大矣哉。」吳宓感到此卦不好理解，或者是由於占的是中國命運，此事體大，因此他專門請教了陳寅恪（1890～1969）。陳並未馬上回答，而是過了一會，打電話給吳，稱「此是吉卦」。吳宓舒了一口氣，和衣而臥。卦辭中所提到的「西南」，在後天八卦中是坤卦，故爲吉。從全民族之命運而言，中國

　　筆者認為，對命理問題喜好不喜好、相信不相信是次要的，關鍵是**實踐**，實踐是檢驗真理的唯一標準。另外有兩件可喜的事情：2016 年 10 月，中央民族大學成立了「道教與數術學研究中心」；2018 年 4 月又在「國際易學聯合會」下設成立了國家二級社團「易學與現代數理研究會」。可以預見，這些機構的成立將為中國數術學的研究提供強大的推動力量。

　　本人醉心於命運和數術問題的學習、研究、實踐與思考不覺已經 20 多年，有了一點點心得，本書希望對這點心得做一個梳理小結，階段性完成自己畢生的夙願。本研究希望更進一步探討數術的天文學原理，同時也希望填補國內學界對數術學所涉及到的精神現象及相關哲學問題研究的空白。

　　需要申明的是：本文研究的是數術，而不是**騙術**，本研究並不是為迷信和**騙術**正名。然而在數術預測的市場，由於其長期處於灰色地帶，其中存在迷信與騙術是不容小覷的，有關問題我們在第十章略作討論。

第二節　大六壬的歷史影響

　　大六壬又叫六壬式，是式占的一種。從傳世和出土文獻看，從東周到明清之際的 2500 多年時間裏，六壬式及其早期形式深刻而廣泛地影響了中國古代的社會生活，包括政治軍事、功名科舉，也包括普通百姓的生活瑣事。（大

的確最後取得了抗戰勝利，因此說是吉卦也有道理。也許吳宓對此卦是否吉利將信將疑，次日，他又用《易經》占卜，得「晉」卦之六二，其意亦吉。

　　曾留學哈佛大學的沈有鼎酷好占卜，據說水平很高。沈有鼎（1908～1989），著名的邏輯學家、哲學家、教育家，中國邏輯學界的開拓者、先行者，曾任清華大學、西南聯合大學、北京大學教授，中國科學院、中國社會科學院哲學研究所研究員。

　　抗戰期間，正在西南聯大任教的吳宓、錢穆和沈有鼎等人，臨時借住在雲南蒙自附近的一家法國醫院。當時傳言日軍飛機要轟炸該地，沈有鼎自言能占卜，眾人遂請其試占。錢穆記其事：

　　某夜，眾請有鼎試占，得節之九二，翻書檢之，竟是「不出門庭凶」五字。眾大驚。遂定每晨起，早餐後即出門，擇野外林石勝處，或坐或臥，各出所攜書閱之。隨帶麵包火腿牛肉作午餐，熱水瓶中裝茶解渴，下午四時後始歸。……數日後，敵機果來，乃誤炸城中市區，多處被轟炸，受禍慘烈。而城外僅受虛驚，空軍基地無恙，法國醫院亦無恙。

　　沈有鼎的占卜在西南聯大名滿校園。他用紙枚代替蓍草，研究周易占卜，成為西南聯大一景。聞一多有詩云：「惟有哲學最詭恢，金公眼罩鄭公杯。吟詩馬二評紅袖，占卜冗三用紙枚。」最後一句就是指的沈有鼎占卜。

六壬更原始的形式，可以早到 6500 年前。〔註5〕）

《周禮・春官・大史》：「大師，抱天時與大師同車。」〔註6〕遇到君王親自率軍出征，大史就用天時占卜吉凶與大師同車前往。從近年出土的戰國秦漢年間的簡帛文獻看，天時應該屬於兵陰陽家的一支——天一家刑德術的占卜工具，屬於六壬式的早期形式。有關情況在第六章討論。

《漢書・王莽傳下》：「天文郎桉栻於前，日時加某，莽旋席隨斗柄而坐。曰：『天生德於予，漢兵其如予何！』」〔註7〕當時討伐他的軍隊近迫在未央宮城之外，王莽並不著急，讓天文官操作並推算式盤，報告斗柄指向，他自己則調整坐姿與斗柄所向一致。這也是大六壬的構成要素之一——天一家辟兵術的運用。詳細情況我們在第四章第五節會涉及到。

《吳越春秋》記載了吳越爭霸過程中，越王勾踐的幾則六壬式占，我們在第五章第二節來詳細討論。

漢代以後隋代以前的數術類文獻雖然大量亡軼，但是流傳下來可以確認屬於大六壬的文獻有：《道藏・洞真部》眾術類《黃帝龍首經》《黃帝授三子玄女經》《金匱玉衡經》。〔註8〕隋朝蕭吉著《五行大義・論諸神》專門談到大六壬天將十二神和月將十二神。〔註9〕宋代史學家鄭樵所著《通志》記載的六壬典籍有《六壬明鑒連珠歌》和《六壬髓經》，作者是唐代大名鼎鼎的天文學家僧一行；還有《六壬大玉帳歌》，作者是唐代著名道士李筌。《通志》中記載的文獻可以肯定屬於大六壬的至少有 44 部。〔註10〕又如宋代天文學家楊惟德曾著有《景祐六壬神定經》，自然科學家沈括著《夢溪筆談》也有專門章節談大六壬太陽過宮和十二月將問題。〔註11〕再比如宋代以來的大六壬學習研

〔註5〕 李零著：《中國方術正考》，北京：中華書局，2006 年 5 月第一版，第 69～140 頁。

〔註6〕 徐正英、常佩雨譯注：《周禮》，北京：中華書局。2014 年 2 月第一版，第 553 頁。

〔註7〕 〔漢〕班固撰：《漢書》第十二冊，北京：中華書局，1962 年 6 月第一版，第四一九〇頁。

〔註8〕 李零著：《中國方術正考》，北京：中華書局，2006 年 5 月第一版，第 69～140 頁。

〔註9〕 〔隋〕蕭吉著，劉鴻玉、劉炳琳譯解：《五行大義白話全解》，北京：氣象出版社，2015 年 1 月第一版，第 319～333 頁。

〔註10〕 〔宋〕鄭樵撰：《通志二十略》，北京：中華書局，1995 年 11 月第一版，第一六八八頁。

〔註11〕 〔宋〕沈括撰：《夢溪筆談》，上海：上海古籍出版社，2013 年 6 月第一版，第 50～62 頁。

究心得及實戰案例記錄，比較著名的有《大六壬斷案》（〔宋〕邵彥和撰）、《大六壬指南》（〔明〕陳公獻撰）、《御定六壬直指》（〔清〕康熙內府精抄本）、《壬占匯選》（〔清〕程樹勳輯）、《壬學瑣記》（〔清〕程樹勳撰）、《六壬辨疑　畢法案錄》（〔清〕張官德撰）、《六壬粹言》（〔清〕劉赤江撰）等等。

再如清代著名學者、官員紀曉嵐爲《欽定四庫全書·術數類》收錄的《六壬大全》撰寫了「提要」，對大六壬的起源、歷史傳承以及陰陽貴人的有關討論作了概述，詳見注釋〔註12〕。

〔註12〕 〔清〕紀曉嵐等撰：《六壬大全提要》，《影印文淵閣四庫全書》第八○八冊，臺北：商務印書館，1983 年，第 471～473 頁。原文如下：

臣等謹案：

《六壬大全》十二卷，不著撰人名氏。卷首題「懷慶府推官郭載騋校」，蓋明代所刊也。六壬與遁甲、太乙，世謂之「三式」，而六壬其傳尤古，或謂出於黃帝元女，固屬無稽，要其爲術，固非後世方技家所能造。大抵數根於五行，而五行始於水，舉陰以起陽，故稱壬焉；舉成以該生，故用六焉。其有天地盤與神將加臨，雖漸近奇遁九宮之式，而由干支而有四課，則亦兩儀、四象也；由發用而有三傳，則亦一生二、二生三、三生萬物也；以至六十四課，莫不原本義爻，蓋亦《易》象之支流，推而衍之者矣。考《國語》伶州鳩對七律，以所稱「夷則」、「上宮」、「大呂」、「上宮」推之，皆有合於六壬之義。然占卜之屬，特以五音、十二律定數，未可即指爲六壬之源。《吳越春秋》載伍員及范蠡「雞鳴」、「日出」、「日映」、「禺中」四術，則時將加乘，與龍、蛇、刑、德之用，一如今世所傳。而《越絕書》載公孫聖亦有「今日壬午時加南方」之語。其事雖不見經、傳，似出依託，然趙煜、袁康皆後漢人，知其法著於漢代也。其書之見於史者，《隋志》二家，《唐志》六家，《宋志》三十家。而焦竑《經籍志》所列，多至八十三家，然多散佚不傳；其存者，如徐道符《心鏡》，蔣日新《開雲觀月歌》，凌福之《畢法賦》，及《五變中黃經》，術家奉爲著蔡。而流傳既久，其說多岐，或專論課體而失之拘，或專主類神而失之粗，或雜取神煞而失之支，又皆不可以爲法。是書指《大全》，闕人按總集諸書遺文，首載《入手法》、《總鈐》及貴神月將德煞、加臨喜忌，旁採唐以來諸論，若《括囊》、《雲霄賦》、《課經》之類，而緯以《心鏡》、《觀月》諸篇，採擷頗爲詳備。案《明史　藝文志》有袁祥《六壬大全》三十三卷，名目相同而卷帙不符，未必即祥所輯。要其博綜簡括，固六壬家之總匯也。惟是六壬所重，莫過於天乙貴神陰陽順逆，爲吉凶所自出，如匠者之準繩矩矱。而先天之德起於子，後天之德起於未，以五乾德合神取貴。承學之士多未究其源，我聖祖仁皇帝《御定星曆考原》一書，貫串璣衡，權輿圭臬，以訂曹震圭晝丑夜未之訛，實足立千古之標準。我皇上御纂《協紀辨方書》，復申暢斯旨。謹按《吳越春秋》所載子胥之占，三月甲戌，時加雞鳴，而以爲青龍在酉，是甲日丑爲陰貴也。范蠡石室之占，十二月戊寅，時加日出，而亦以爲青龍臨酉，功曹爲螣蛇，是戊日丑爲陽貴也。沿溯古義，皆與聖謨垂示先後同符，是書所取天乙尚沿俗例，卷中僅載先天貴人一圖而不用，未免失之舛漏。又所載十二宮分野，亦多拘牽舊說，未能訂正；今以原本所有，

　　這些情況表明，大六壬廣泛而深遠地影響了中國古代社會，有眾多古聖先賢研究、學習它，並推動其傳承，這背後有深刻的思想文化淵源。

第三節　研究情況的回顧

　　目前，對大六壬及相關問題的研究主要在器物層面、文獻層面和綜合層面（包括占法層面和思想層面）三方面，取得了比較豐碩的成果，但是也存在一些不足。現簡要回顧如下：

一、本研究涉及的出土式盤、式圖

（一）出土六壬式盤〔註13〕

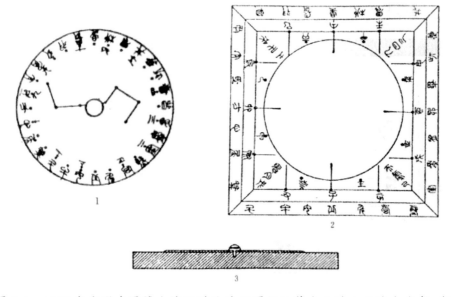

圖 1-1　1977 年安徽阜陽雙古堆西漢汝陰侯夏侯灶墓出土的六壬漆木式盤，年代在公元前 165 年後不久。

〔註13〕本章圖 1-1 至圖 1-7 均採自李零：《中國方術正考》，北京：中華書局，2006 年 5 月第一版，第 69～76 頁。

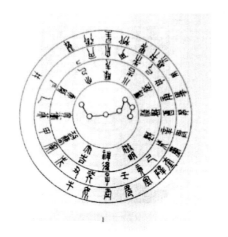

圖1-2 于省吾舊藏象牙六壬式盤，傳山西省離石縣出土，
僅存天盤，年代在西漢末。

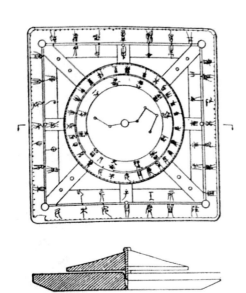
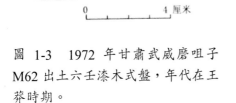

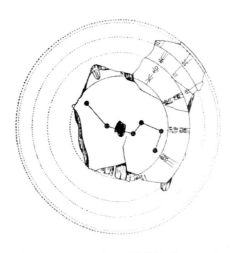

圖 1-3 1972 年甘肅武威磨咀子
M62 出土六壬漆木式盤，年代在王
莽時期。

圖 1-4 1952 年朝鮮樂浪遺址石岩
里 M201 出土六壬漆木式盤，僅存
殘片，年代在王莽時期或東漢初。

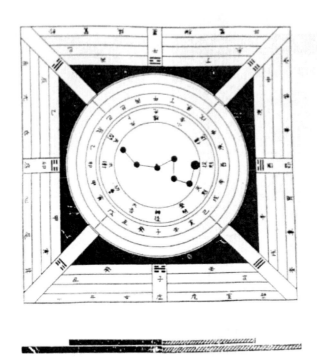

圖 1-5　1925 年朝鮮樂浪遺址王旴墓出土六壬漆木式盤，
　　　　年代在東漢明帝末或章帝前後。

圖 1-6　濮陽瓜農舊藏六壬銅式盤，年代為東漢。

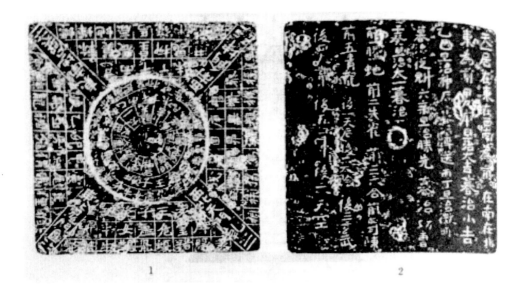

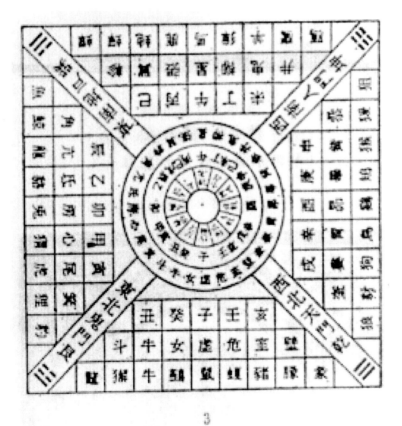

圖 1-7　六朝晚期六壬銅式盤。

（二）相關式圖

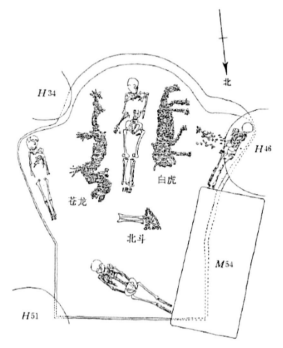

圖 1-8　濮陽西水坡 M45 星圖，距今 6500 年。

（《河南濮陽西水坡遺址發掘簡報》，《文物》1988 年第 3 期）

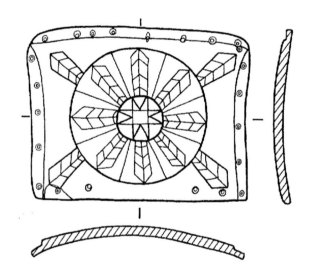

圖 1-9　凌家灘龜板，距今 4500 年。

（《安徽含山凌家灘新石器時代墓地發掘簡報》，《文物》1989 年第 4 期）

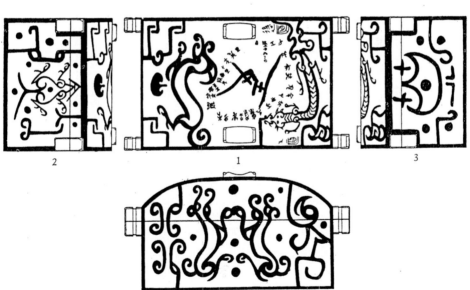

圖 1-10　戰國曾侯乙慕漆箱蓋星圖，公元前 440 年。
（《曾侯乙墓》，文物出版社 1989 年）

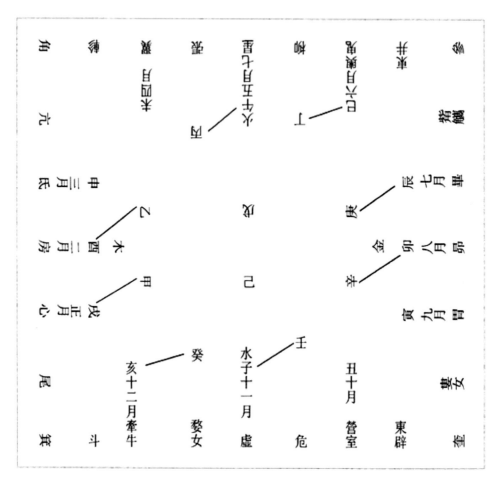

圖 1-11　北大漢簡大羅圖(《北京大學藏西漢竹書》五，上海古籍出版社 2014 年)。

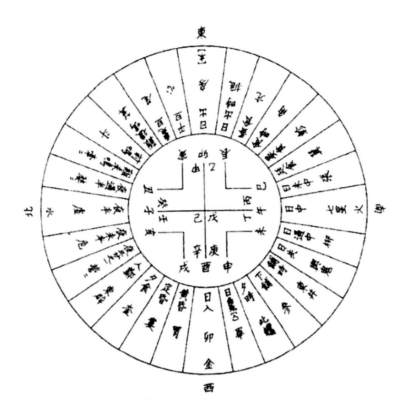

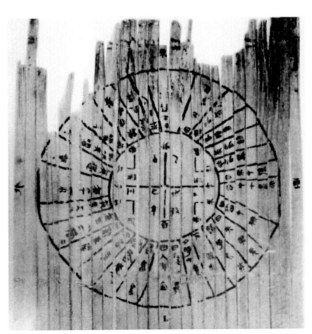

圖 1-12 關雎秦簡線圖（《關沮秦漢墓簡牘》，中華書局 2001 年）。

二、器物層面的研究

　　大體上，1993 年以前的研究主要集中在器物層面上（少數論文也涉及到思想層面，但不多見）。以出土式盤（不限於六壬式盤）和式圖爲基礎，分析式盤、式圖的結構，釋讀其上的文字、圖案等等，前人展開了比較充分的研究討論。李零和黃儒宣對此做過系統整理，〔註 14〕李氏更爲詳細，並提出了自己的看法，概述如下。

　　（一）王振鐸《司南、指南針與羅經盤》（上），《中國考古學報》3 冊，1948 年。此文認爲《論衡・是應》「司南之杓，投之於地，其柢指南」，所謂「地」並非土地，而是式的地盤，推測司南的形制應該與地相仿，是以磁石琢成的斗勺，至於銅質的地盤上。文中「司南投於地盤說」指出式的圖式結構與《淮南子・天文》最接近，認爲地盤的八干加十二支和四維，就是後世羅盤的二十四向。李零認爲：王氏的司南復原影響很大，講中國「四大發明」者言必稱之，幾乎被當做古代的實物，但實際只是一種推測。

　　（二）嚴敦傑《跋六壬式盤》，《文物參考資料》1958 年 7 期。此文專論六朝晚期六壬銅式盤，指出其天盤有「六壬十二神」，地盤有「三十六禽」，合於隋蕭吉《五行大義》所記，但是沒有與七曜相配，年代應該在唐袁天罡之前，並對六壬式的演式方法即「四課三傳」做了簡要說明。李零認爲：此文側重式的分類和演式方法，代表了作者以後的研究方向。

　　（三）李約瑟《中國科學技術史》（Science and Civilization in China）卷四第一冊（Cambridge，1962）261～269 頁。此文對前面兩位的論說均有討論，並指出兩例朝鮮出土的式盤復原圖北斗方向相反，例五配卦爲後天卦位，與後世羅盤作先天卦位不同，並對與式有關的文獻做了簡要討論。

　　（四）陳夢家《漢簡年曆表敘》第三節「漢代占時、測時的儀具」：一、式，《考古學報》1965 年 2 期。文章指出漢式包括天地二盤，其共同點是：（1）篆書，（2）斗柄指天剛，（3）列十干、十二支、十二神、二十八宿，（4）分四維、八方；所不同的是：（1）斗魁的位置，（2）戊己的位置，（3）八卦定向，（4）四門，（5）十二將。作者對這些不同點進行了分析與討論，然後進一步指出六朝式和漢式的不同之處：（1）隸書，（2）列三十六禽。李零認爲此文對式圖解析最有參考價值，如辨析斗魁位置，排比戊己異同，指出四獸

〔註14〕　李零著：《中國方術正考》，北京：中華書局，2006 年 5 月第一版。
　　　　　黃儒宣著：《〈日書〉圖像研究》，上海：中西書局，2013 年 12 月第一版。

代表十二將等等。但可商之處也很多，如戊己不同或因天地盤之別，八卦定向始於漢宣，「出門」應改釋爲「地門」等等。

（五）嚴敦傑《關於西漢初期的式盤與占盤》，《考古》1978 年 5 期。此文認爲例一中天盤內圈所標正、二、三至十二等字是代表「十二月將」，並不等於十二月；地盤的天、土、人、鬼四門合於例六（濮陽瓜農舊藏六壬銅式盤，見圖 1-6）；並對六壬式的演式方法、起源做了簡要介紹。李零認爲文中提到的「戊天門，己鬼門，戊土門，己人門」顯然是例六，「戊土門」之釋與劉心源、陳夢家均不同，作者雖未提出理由，但這一釋文是正確的。

（六）殷滌非《西漢汝陰侯墓出土的式盤和天文儀器》，《考古》1978 年 5 期。李零認爲文中所附線圖與《文物》1978 年 8 期發表的簡報不同，應以簡報爲準。

（七）夏德安《漢代天文式盤》（「The Han Cosmic Board」，收入 Early China 第 4 期，1978～1979 年）作者是美國學者，認爲式的核心概念是北斗。北斗居於天盤中心，按順時針方向旋轉，指示天時所行的宿度。他把式看成一種機械的宇宙模型，並對「天盤」、「地盤」之名提出商榷。

（八）庫倫《再論幾點有關「式」的問題》（「Some Future Point on Shih」，收入 Early China 第 6 期，1980～1981 年）。作者是英國學者，針對夏德安的文章提出若干不同看法。全文分四個部分，第一部分講式的定名，認爲古文獻訓式爲法，有模型之義。第二部分討論式與蓋天說的關係，認爲後者受到式的強烈影響。第三部分討論式與早期天文儀器的關係，第四部分討論式與《堯典》的關係，認爲《堯典》提到的「璇璣玉衡」可能是與式有關的某種儀器。

（九）夏德安《漢代天文式盤：答庫倫》（「The Han Cosmic Board：A Response to Christopher to Cullen」，收入 Early China 第 6 期，1980～1981 年）。此文重申北斗對式和古代宇宙信仰的重要性。作者不同意庫倫對式的翻譯，認爲訓式爲法與作占卜工具的式無關，作爲占卜工具的式，本作栻，是一種用木頭做的板子。其次，作者強調宇宙信仰的核心是斗而不是宿。李零認爲，兩人的爭論，有些並無必要，如斗、宿都很重要，未可偏執一端。譯名，庫倫也無可非，式以木製而稱栻，並非與式有模型之義相格。

（十）嚴敦傑《式盤綜述》，《考古學報》1985 年第 4 期。全文分「式盤簡史」、「式盤實例」、「式盤的演式」三節。在「式盤簡史」中，作者從宋代

三式向上逆推，溯於唐、魏晉南北朝、漢代和漢以前，歷考有關文獻。作者還把曾侯乙墓漆箱蓋圖視爲最早的式圖。在式盤的演式中，作者介紹了遁甲、太乙、六壬三式的演式方法。李零認爲，作者將雷公式與六壬式等同，似嫌證據不足；末節描述演式法是據後世所傳，與早期式法未必完全吻合。

（十一）羅福頤《漢栻盤小考》，《古文字研究》11 輯，中華書局，1985年。此文重點討論式與司南的關係，認爲：（1）古人是以晝觀日景，夜觀極星來正朝夕定方位，司南當是北斗別名；（2）式的天盤本命叫「天剛」；（3）司南可能還是式的別名。李零認爲，作者指出天盤本名「天剛」，可從，但謂司南即北斗或式之別名，亦屬推測。

（十二）連劭名《式盤中的四門與八卦》，《文物》1987 年 9 期。此文專論式的配卦。作者反對「八卦定向爲漢宣始出」之說，認爲《說卦》雖出漢代，卻很可能是先秦故籍，並舉《日者列傳》所說用式時要「分策定卦」作爲反證，主張八卦定向當有更早的來源。作者還據馬王堆帛書《周易》卦序探討了先天卦位的起源。李零認爲八卦定向未必始於漢宣甚確，但 「分策定卦」卻不一定是指式本身的配卦。

（十三）李學勤《再論帛書十二種》，《湖南考古輯刊》第四集，嶽麓書社，1987 年。作者認爲楚帛書邊文的十二神很可能與出土六壬式的十二神有關，後者也與天象有關，並且起源很早。李零認爲，該文指出楚帛書的十二月神與六壬十二神的作用相似實爲創見。

除了以上李零先生概括評論的這些論文之外，還有馮時先生對式圖起源進行的考證。馮時認爲含山凌家灘 M4 玉質龜板上的圖式分內外四重，中心刻繪洛書九宮圖（見圖 1-9）。第二層是按中央洛書四方八角所限定的方向均勻劃分出八個區，其方向是四正四維，每一個方向均刻有一個矢狀標。馮時認爲這兩層圖形是相互嵌套的九宮圖，從漢代太一式盤九宮圖可以很清楚的看到這一點。第三層位於大圓八區之外，刻有四枚矢狀標，指向四維。最外層布列了四組特殊的數字「四」「五」「九」「五」。關於這四組數字，馮時承襲陳久金、張敬國的說法，認爲表現了太一下行九宮的古老式法。馮時通過比較含山玉版圖式與漢代出土式盤的形制，認爲彼此存在諸多聯繫是顯而易見的，玉版與太一式的關係最爲密切。〔註15〕

〔註15〕 馮時著：《中國天文考古學》，北京：中國社會科學出版社，2010 年 11 月第二版，第 520～533 頁。

三、傳世文獻的梳理研究

　　以筆者所見，當代梳理歷代式占文獻篇目的學者只有李零先生，詳見氏著《中國方術正考》上篇第二章第二節《式法源流與著錄存佚》〔註16〕。作者認爲《周禮》所說的「天時」就是式的早期名稱，式在戰國時期已經流行，曾侯乙墓漆箱蓋圖和長沙子彈庫楚帛書圖式便是明證。作者將式的來源追溯到新石器時代，以濮陽西水坡 M45 青龍白虎圖和安徽含山凌家灘 M4 玉質龜板爲證。然後作者將漢代以後宋代以前的演式經籍按照《漢志‧數術略》五行類、《隋志‧子部》五行類、《日本國見在書目》五行家、《舊唐志‧子部》五行類、《新唐志‧子部》五行類進行羅列，又對宋代以後的《崇文總目》《宋史‧藝文志》《通志‧藝文略》中的演式經籍進行搜羅，堪稱全面。（案：李氏認爲濮陽西水坡 M45 青龍白虎圖和含山凌家灘 M4 玉質龜板爲式圖更早的起源，惜沒有更有說服力的分析。另，李零忽略了歷代六壬實戰典籍的搜集和整理，不利於理解六壬式蘊含的思想，稍顯不足。）

　　在李氏研究的基礎上，本文將大六壬的文獻篇目摘錄出來整理如下：

　　漢代以後宋代以前的數術類文獻大量亡軼，流傳下來可以確認屬於大六壬的文獻有：

　　《道藏‧洞眞部》眾術類《黃帝龍首經》《黃帝授三子玄女經》《金匱玉衡經》；

　　《舊唐書‧子部》：《五行記》（宋以來稱《五行大義》，其中含有大六壬內容）；

　　《崇文總目》《宋史》《通志》：楊惟德《景祐六壬神定經》（《宋》無「景祐」二字）；〔註17〕

　　另外，東漢趙曄所著《吳越春秋》中涉及大六壬的早期占法。

　　李氏對宋代以後的式占文獻尚未涉及。宋代以後，特別是明清兩代的六壬式占文獻十分豐富，本研究選取了幾種主要的文獻簡介如下：

　　《大六壬斷案》（〔宋〕邵彥和撰）

　　《大六壬指南》（〔明〕陳公獻撰）

　　《六壬大全》（〔明〕無名氏撰）

《御定六壬直指》（〔清〕康熙內府精抄本）

《壬占匯選》（〔清〕程樹勳輯）

《六壬辨疑 畢法案錄》（〔清〕張官德撰）

四、出土簡帛文獻的相關研究

筆者從近年出土的簡帛文獻以及相關研究文章中搜羅出與大六壬相關的材料，認爲它們與六壬占法的原理有直接或間接的關係，概括如下：

（一）與六壬式占天一貴神的運算有關的文獻

裘錫圭主編：《長沙馬王堆漢墓簡帛集成》五，北京：中華書局，2014 年 6 月第一版。其中《陰陽五行乙篇》《刑德甲篇》《刑德乙篇》與六壬式占天一貴神的運算有關。相關的討論有：

李學勤：《失落的文明》第 74《干支紀年和十二生肖起源新證》，上海：上海文藝出版社，1997 年 12 月第一版，第 150～151 頁；

胡文輝：《馬王堆帛書〈刑德〉乙篇研究》，《中國早期方術與文獻叢考》，廣州：中山大學出版社，2000 年 11 月第一版，第 159～273 頁；

張培瑜、張健：《馬王堆漢墓帛書刑德篇與干支紀年》，華岡文科學報，2002 年第 25 期；

饒宗頤：《馬王堆〈陰陽五行〉之〈天一圖〉──漢初天一家遺說考》，《饒宗頤二十世紀學術文集》卷三《簡帛學》，北京：中國人民大學出版社，2009 年 9 月第一版，第 106 頁；

胡平生：《阜陽雙古堆漢簡數術書簡論》，《出土文獻研究》第四輯，北京：中華書局，1998 年 11 月第一版；

《北京大學藏西漢竹書》五《揕輿》，上海：上海古籍出版社，2014 年 12 月第一版。

以上文獻對天一貴神的早期算法提供了線索，詳細情況我們在第五章《「天一貴神」算法之考辨》討論。

（二）與六壬式占月將的運算有關的文獻

湖北省荊州市周梁玉橋遺址博物館：《關沮秦漢墓簡牘》，北京：中華書局，2001 年 8 月第一版。其中《日書》部分提供了月將運算的重要線索。

另外睡虎地秦簡甲種《除篇》、乙種《官篇》、隨州孔家坡漢簡《星官篇》、

九店楚簡《日書》、放馬灘秦簡《日書》中也涉及到月將運算，相關研究成果在以下著作或論文中有所體現：

李學勤：《簡帛佚籍與學術史》，南昌：江西教育出版社，2001 年 9 月第一版；

劉樂賢：《睡虎地秦簡日書研究》，臺北：文津出版社，1994 年 7 月初版；

劉樂賢：《簡帛數術文獻探論》，武漢：湖北教育出版社，2003 年 2 月第一版；

孔慶典：《10 世紀前中國紀曆文化源流》，上海：上海人民出版社，2011 年 6 月第一版；

孫占宇博士論文《放馬灘秦簡日書整理與研究》，西北師範大學 2008 年；

程少軒博士論文《放馬灘簡式占古佚書研究》，復旦大學 2011 年；

田雪梅碩士論文《睡虎地秦簡〈日書〉、孔家坡漢簡〈日書〉比較研究》，西南大學 2015 年。

〔日〕成家徹郎撰，王維坤 譯：《睡虎地秦簡〈日書·玄戈〉》，《文博》，1991 年第 3 期；

〔臺〕陳炫瑋碩士學位論文《孔家坡漢簡日書研究》，臺灣清華大學 2007 年；

以上著作或論文涉及到月將算法的有關內容，以及本文對月將運算新的看法，我們將在第四章《大六壬「日在加時」占法源流考》詳細討論。

五、綜合性研究

綜合研究的情況比較複雜，作者的側重各有不同，有的可能會涵蓋前面的四項，有的會偏重一項或幾項，還有的會涉及到思想層面或哲學層面，不一而同。

李零著《中國方術正考》從六個方面研究了出土式圖（不限於六壬式），〔註18〕簡述如下：

第一《式法源流與著錄存佚》，在前文「文獻類研究」已經提及，此不贅述。

第二《式圖總說》，氏著《中國方術正考》對列舉的出土六壬式盤的天盤、

〔註18〕李零著：《中國方術正考》，北京：中華書局，2006 年 5 月第一版，第 69～140 頁。

地盤的正面和背面的符號、圖示、文字作了梳理、說明，並進行對比研究，細緻而全面。（案：李零認爲所舉各例的天盤「十二神都是以徵明（正月）主亥，同於《五行大義‧論諸神》引《玄女栻經》，但《景祐六壬神定經‧釋月將》引《金匱經》卻是徵明主寅，前者沿用秦正，而後者是漢武帝以後改用的正朔，則爲後世六壬家所本。」此說不妥，本文將在第四章第一節專門研究分析。）

第三《式圖解析：空間與時間》，作者依據蓋天說爲基礎，按照四方、五位、八位、九宮、十二辰的順序分析了式盤代表的空間結構；又按照古代的計時單位年月日時和古代的計時手段來探討六壬式所蘊含的時間結構。（案：六壬式所蘊含的時空結構還可以作進一步的挖掘，我們在第四章、第五章詳細討論。）

第四《式圖解析：配數與配物》，作者認爲宋易圖數之學與式占有內在淵源，通過布有天數和地數的兩個四方五位圖交午可以得到一個先天八卦圖，通過布有生數和成數的兩個四方五位圖交午可以得到一個後天八卦圖。作者按照四分、八分、十二分和五分、九分兩套方法羅列了有關文獻中式圖與各種事物相配的對應關係，比較詳細。（案：作者關於先天八卦圖與後天八卦圖的配數圖式顯然是錯的；另外，目前易學界的主流觀點認爲先天八卦圖在宋以前並不存在，這個問題以及先後天八卦配數等相關問題詳見附錄 4《「天南地北」眞義考》。）

第五《式圖與原始思維》，作者從時令與禁忌、占驗與賭博兩個方面討論式圖在古代人生活中的應用。（案：作者顯然沒有深入研究過六壬式占的實戰，據筆者所知，六壬式主要是按照「日在加時」的原則，看天盤、地盤的組合關係所形成四課三傳來判斷人事吉凶，與時令禁忌和占驗賭博毫無關係。）

第六《陰陽五行學說的再認識》，作者通過出土式盤的研究，認爲陰陽五行學說與兩周時期醞釀成熟的諸子學說有共同的、古老的源頭；作爲一種民間思想和實用文化，陰陽五行學說長期與處於獨尊地位的儒家文化分庭抗禮。

唐希鵬著《論數術對社會生活的模擬——以六壬爲例》（載於《中華文化論壇》2008 年第 1 期）從三個層次來闡釋論題：一是六壬是一種比較嚴謹的數術，它「根於天學，應於人事，爲三式之最」，在歷史上有廣泛的群眾基礎；二是六壬取象模式有一套嚴密的邏輯體系，使其能夠生動的模擬社會生活；

三是六壬式這套複雜的模擬體系要求持術者具有廣博的學識和豐富的社會閱歷，在古時基本上都是高級文人。（案：此文與前面六壬式的器物、文獻層面的研究不同，是從社會實踐中考察六壬式的取象模型。此文略顯單薄，還可以展開討論；這一類論文太少，應是六壬式研究的一個新方向。）

雷寶著《萬變之機──大六壬術數哲學思想研究》（北京宗教文化出版社，2015 年），分上中下三部分。上篇主要介紹數術源流、六壬術的天文學含義及記時特徵、六壬產生的天文學背景。中篇考證了太陽過宮現象、太歲系統差異形成與紀年方式的演變，介紹了六壬術的太一和北斗崇拜，解說六壬範疇說：天機論、應驗論、主客論、刑德論。下篇論述了作為數術類推方法的哲學基礎：道論；分析了數術認知模式的體系差異及特徵；討論了因果關係與大六壬的認知途徑；等等。（案：雷寶的論文是筆者所見第一部，目前看來還是第一部以六壬術為切入點的哲學論文。通讀全文，感覺作者知識面很廣，但是在大六壬數術的哲學層面談論的問題過於寬泛而缺乏深度；在天文學原理部分談得不深入。）

盧央著《中國古代星占學》（北京中國科學技術出版社，2008 年 3 月），其中第五章第四節對六壬式的基本算法作了介紹。盧先生對中國古代星占學作了比較詳細的介紹，後學獲益匪淺。但是氏著研究的內容比較少，介紹的成分比較多，而且盧先生有的觀點是值得商榷的，比如他說中氣過宮是沈括提出的，後世的星占家採納了沈括的意見。〔註 19〕很可惜盧先生沒有拿出證據，詳細情況我們在第四章討論。

楊景磐著《六壬捷錄新解》《六壬指南例題解》《中國歷代易案考》（北京中國國際廣播音像出版社，2006 年 7 月第一版），前兩部書解析了兩部傳世六壬典籍中一些案例，為當代學者及愛好者理解古人的式占思路提出了很寶貴的意見，《中國歷代易案考》中介紹了《吳越春秋》中記載的幾則六壬占法的案例，提出了分析思路。感謝楊先生的研究，其研究也有不足，詳細情況我們在第五章第二節討論。

需要說明的是，對前人的研究做出以上分類，並非完全合理。有的研究是含有多重屬性的，比如嚴敦傑《式盤綜述》，全文分「式盤簡史」「式盤實例」「式盤的演式」三節。該文涉及到式占的文獻和演式方法，但主要是對出

〔註 19〕盧央著：《中國古代星占學》，北京：中國科學技術出版社，2008 年 3 月第一版，第 492 頁。

土式盤進行介紹，對演式的原理並無深入分析，所以還是將其歸入器物層面的研究。

六、研究的不足

以上研究，筆者對相關內容的不足有適當點評，分散在原文獻的介紹末尾。但是，縱觀大六壬的研究，主要還有以下不足：

一是對式占的天文學原理研究很不夠。六壬式起源相當古老，而且一直流傳至今，這樣一個源遠流長的占卜方法必定有一個萌芽、發生、發展、形成、成熟、僵化的演變過程。這個占卜方法伴隨著中國古人天文知識的不斷精確而發展，伴隨著中國古人對天人關係認識的不斷豐富而拓寬。前人的研究對此有所涉及，但缺乏深度，也顯得零碎。本研究希望彌補這個不足。

二是關於預測的機理，也即占卜行為所涉及到屬於認知科學、心智哲學原理的問題，這方面的研究在國內還是空白，比如卦象的產生與我們的心靈（思維）是一個什麼關係？心靈、卦象與事件三者之間又是一種什麼關係？另外在國內尚未見到有學者通過占卜行為來探討人生必然性和偶然性問題以及命運可測不可測、可改不可改的問題。由於占卜行為在近 100 年來的中國一直處於灰色地帶，學界對以上這些問題的研究嚴重不夠。

國內的學者談到這些問題大多一筆帶過，要麼矢口否認，要麼含糊其詞。比如盧央先生在氏著《中國古代星占學》中說：「六壬式是由星占學演變而成的式占，因此它同星占學一樣，是一種偽科學系統。」〔註 20〕盧先生顯然沒有深入研究過六壬式的預測原理，它與星占迥然不同，相關問題我們在第四章、第五章、第七章深入討論。退一步說，即使六壬式完全是一種偽科學系統，盧先生在批駁上所花的工夫猶如蜻蜓點水一般。盧先生花那麼多時間去研究它，卻又不把它為什麼是偽科學說清楚，筆者覺得很遺憾。

再如嚴敦傑先生在《式盤綜述》中唯一引用了一則大六壬的占測實例：甲申十二月甲申日癸酉時占元旦有雪否（出自陳良謨《六壬占驗指南》）。嚴氏經過簡單解析課傳之後，得出結論：「由此看來，六壬式排列出四課三傳是容易的，但占驗則不可信。」為什麼占驗不可信？嚴先生沒有說。筆者查閱了《六壬占驗指南》原著，發現全書 100 多則案例唯有這一個沒有記錄占驗情況，其他例子均有「果驗」之類的反饋。嚴先生選取這樣一個孤證來說明

〔註20〕同上，第 523 頁。

大六壬占驗不可信，很難說服人。

　　另外，占卜行為背後的精神現象所涉及的預測機理和哲學意義問題，學界普遍缺乏深入研究。關於占卜究竟能不能有效預測的問題，在本章《緣起》部分著重介紹了德國漢學家朗宓榭先生，並引述了他的一些言論，此不贅言。從朗氏的發言看，他顯然認為中國占卜術「能」有效預測未來。**但是本研究關心的是為什麼「能」？**也即占卜的機理是什麼？朗宓榭介紹紀曉嵐在《閱微草堂筆記》中記載的扶乩的案例時提到「感應」原理，顯然朗氏認為「感應」是占卜能夠預測的機理。其實《易傳》已經說了「同聲相應，同氣相求」的道理。**我們需要追問的是：怎麼「感應」？如何「感應」？**朗宓榭借用紀氏的口吻說是「人發出『感』，鬼神予以『應』」，也就是說「人與鬼神發生感應」。〔註21〕從《閱微草堂筆記》的文字看，紀氏肯定是這個觀點，朗宓榭轉述紀昀的觀點並沒有明確否認，也沒有提出不同的看法。這就與本人的觀點有了顯著的不同。**本研究是無神論的觀點，是以認知科學和心智哲學的原理來解釋占卜的機制。**

　　瑞士分析心理學家榮格也提出無神論的觀點，他以「共時性原理」來解釋卦象與實際發生的事件之間的契合關係。國內許多學者凡是有涉及易占的原理之討論，均把「共時性原理」視為圭臬。但是本人經過深入分析認為，榮格的觀點並不妥當。其次，在占卜行為所涉及到必然與偶然性等問題的討論方面，朗宓榭先生提出「預兆並非起因」的觀點。〔註22〕本研究認為，所謂預兆，是人感受到的預兆，或者說是我們通過感應捕捉到的事情甲的預兆——事件乙，雖然乙不是甲發生的原因，但是甲卻是乙發生的原因之一（另一個原因是我們的念頭）。相關問題我們在第七章、第八章討論。

第四節　本書的基本構想

　　本研究分別討論大六壬占法中的天文學原理、預測機理和哲學意義相關問題。

　　欲通過大六壬數術來考察古人對天人關係的理解，就需要考察大六壬與

〔註21〕〔德〕朗宓榭著，金雯、王紅妍譯：《小道有理：中西比較新視閾》，復旦大學光華人文傑出學者講座叢書，北京：三聯書店，2018年1月第一版，第67～74頁。

〔註22〕同上，第2～7頁。

古代天文學的關係，分析占卜過程中意識和精神的獨特現象。所以本研究除緒論之外共九章，分爲上下兩篇，分別討論大六壬占法中的天文學原理和心智哲學機理以及相關問題。

上篇分五章。第二章從中國古代天文學、先民的生殖崇拜和先民對萬物起源的思考等幾個方面來探討大六壬的古老起源。解釋北斗與豬神崇拜、「天人合一」思想、九天玄女與大六壬的來源問題。第三章通過古代星占學、天文學和鬼神崇拜的研究，通過對傳世文獻的梳理和版本學的考證，考察大六壬占法中的天一貴神的起源，從而探索「天傾西北」「天門地戶」這些說法的由來，考察古人對自然界認識能力和思辨能力的提升。第四章通過對傳世文獻和出土文獻的梳理，研究西周至東漢年間的曆法演變情況，考察大六壬「日在加時」占法的源流，並對《龜策列傳》宋元王夢占提出新的解釋。第五章研究考察「天一貴神」的算法原理，從而追溯天干五合及「五合化氣」思想與干支紀曆之產生。第六章在上篇以上諸章的研究基礎上，進一步討論大六壬的最終形成。

下篇共四章。第七章通過多種數術的對比研究，考察人的二重認知模式，探索這兩種模式的呈現特點。第八章研究大六壬等數術的預測機理，用現代科學成果解釋「同氣相求」原理，並指出榮格「共時性原理」的不當之處。第九章通過六壬課、金錢卦的成卦（課）的現象，借用現代腦科學、神經科學和行爲科學的成果，多角度多層次來研究必然與偶然、自由意志的問題。第十章對「善爲易者不占」的含義提出個人見解；研究濫用占卜的害處；對江湖上借占卜行騙的行爲進行揭露，並對如何有效管理這個市場提出意見建議。

第五節　本書的研究方法

首先，運用文獻學的方法，收集整理與傳統數術學（主要指大六壬）有關的傳世文獻、今人的專題研究，對資料進行分析、梳理，然後展開研究討論。

其次，運用考古學的方法，搜集整理與本文相關的出土文獻、考古資料、考古報告，並運用這些材料，與文獻材料雙重論證自己的觀點。

再次，運用比較分析的方法，對傳統數術中的預測機理所涉及到的中國傳統哲學範疇進行解析，並與近現代的科學成果相對比，對傳統數術中的認知科學、心智哲學成分進行梳理，探索大六壬這一類數術的預測機理和哲學意義。

第六節　本書的創新點

在研究方法上，本研究從數術學的角度來考察中國古人對「天人關係」的理解，探究中國哲學「天人合一」「氣生萬物」「同氣相求」等重要範疇的來源；借用現代科學成果論證「同氣相求」原理的深刻性與普適應；通過占卜行爲考察人類的精神現象及其相關規律。這是一個獨特的視角。

在知識點上，本研究有許多獨到的見解。

本研究認爲：中國哲學「天人合一」思想至少 7500 年前的新石器時代已經萌芽產生了，彼時科技、宗教與哲學思想交織在一起，奎宿就是天上的豬神，北斗就是上帝，先民用豬來比附北斗，表達對生命繁衍和萬物起源的崇拜，表達人與萬物同宗同源的宗教情結和哲學思辨，大六壬正是起源於 7500 年前的中國上古天文學，「壬」「九天玄女」都由天上的奎宿「豬神」演變而來，都具有萬物起源的含義。

本研究認爲：傳統數術中的天一貴神起源於 5000 年前的北極星神崇拜，最終在戰國時代由石申夫命名；由於歲差的作用，到西周初年天北極明顯向西北傾斜，人們無法解釋這個現象便杜撰了「共工觸不周山」的神話，這便是「天傾西北」的來歷，也是象數易學天門（西北乾）地戶（東南巽）的來歷。將「天一」「太一」寫作「天乙」「太乙」是宋代以後才出現的現象，有學者認爲「天一」神名來源於「天乙」湯的觀點是錯的。

本研究認爲：大六壬「日在加時」占法起源於西周晚期的月宿曆法和月宿占法，最終成形在西漢末東漢初，以《三統曆》節氣月作爲換月將的標準，直到唐一行將月將的起訖點由節氣變更爲中氣，並一直流傳到後世。本研究重新釋讀了《龜策列傳》中宋元王占夢的原文，並指出前輩錢大昕等先生將夢占時間定爲冬至是錯誤的，應該在孟夏。

本研究認爲：天一貴神算法的原理體現了春秋戰國以來陰陽刑德思想的演進，體現了「日」與「北斗」運行的具象關係（地支六合）和抽象關係（天干五合）；「天干五合」思想至少在戰國中期就已經存在了，「天干五合化氣」以及《黃帝內經》「丹天之氣，經於牛女戊分，黅天之氣，經於心尾己分……」的原理均來源於干支紀曆，在戰國中晚期已經具備了產生的條件，彼時紀曆原點很可能是甲子年、甲子月、甲子日、甲子時。《天文訓》：「天神之貴者，莫貴於青龍，或曰天一，或曰太陰。」這句話應該被理解爲：天神之最尊貴者，是青龍，也有人說是天一，還有人說是太陰。

　　本研究認爲：大六壬占法正式出現在西漢晚期和東漢早期之間，它吸收了古堪輿家、天一家有關要素再加上月宿占法和日在加時占法而綜合形成。

　　本研究認爲：人類的心靈世界具有二重性，第一重是前人已經發現的「主觀世界」，第二重是「主觀世界的投影」（本研究將其稱爲「**心靈世界的投影**」），本研究認爲這二重心靈世界都是以**解讀者的語言模式呈現**；「心靈世界的投影」以腦電波爲物質基礎，是心靈世界與客觀世界相互感應後借助媒介所投影出來的「**象**」。

　　本研究認爲：萬事萬物皆振動，事物和事件是「振動」的不同呈現；本文揭示「同氣相求」原理的本質即是同類事物的「共振」，越具體的共振發生在越具體的時空之中，越抽象的共振越超越具體的時空；「**心靈、事件與課象一起共振**」，於是通過課象可以解讀事件的發展變化，這便是大六壬等數術的**預測機理**。本文指出榮格「共時性原理」並非「有意義的無因果關係的巧合」，而恰恰是具有因果關係的「同氣相求」。

　　本研究持命運決定論的觀點，認爲我們所有的思想和行爲都被情慾和名利之心操縱著，這種觀點並沒有否認人的主觀能動性（包括預測行爲本身）。

　　本研究深入探討了人類究竟是否具有自由意志的問題，認爲這些問題沒有標準答案，看從什麼角度、什麼層次來回答。本研究認爲**從終極意義上來說**，人類沒有任何自由意志可言，我們所有的思想和行爲都被某種形而上的力量所操縱著，神秘主義將這種力量稱之爲「上帝」，唯物主義將其稱之爲「規律」，「規律」或「上帝」操縱我們的第一根繩索就是情慾，第二根繩索是名利；**從中觀角度、從次級意義，或者說從人類本身來看**，本文更願意把人的智慧（例如創新、反思、推理、探索、發現、自我克制等等），特別是反思能力和對人對事的態度稱之爲自由意志；如果**從更微觀的角度來看**，本研究認爲動物、植物、微生物根據其等級的不同，擁有智慧的程度越來越低，也即擁有自由意志的程度也越來越低。

　　本研究指出生活中有的人患上了「占卜依賴症」，這是典型的迷信，迷信就容易受騙。本文披露了一些江湖騙術並提供了識別騙子和高手的方法。對於如何監管這個市場，本文提出了意見建議。

上　篇

第二章　大六壬的古老起源 [註1]

　　研究大六壬的起源，我們會發現中國哲學的基本範疇「天人合一」思想、中國原始宗教「北斗與豬神崇拜」以及中國古代神話人物「九天玄女」的身世，這些問題有一個共同的源頭。本章就來尋找這個源頭。

　　清人俞正燮考證大六壬的起源說：

　　　　六壬之起，《道藏》謂自黃帝，名六壬者，神機制勝。《太白陰經》云：「玄女式者，一名六壬式，玄女所造，主北方萬物之始，因六甲之壬，故曰六壬。」《式經・總要》云：「六壬之說，大衍數謂天生水，始於北方。許慎《說文》言：水者，準也。生數一，成數五，以水數配之成六壬也……壬術主北方陰。《白虎通》云：亥者，陰之始。又亥位爲《易》之乾，爲蓋天之門。壬寄於亥，名六壬宜也。[註2]

　　清代大學者紀曉嵐對此也有考證云：

　　　　六壬與遁甲、太乙，世謂之「三式」，而六壬其傳尤古，或謂出於黃帝元女，固屬無稽，要其爲術，固非後世方技家所能造。大抵數根於五行，而五行始於水，舉陰以起陽，故稱壬焉；舉成以該生，故用六焉。[註3]

〔註1〕　本章的主要部分已經發表在《世界宗教文化》2017年第2期，題爲《北斗與豬神崇拜起源考》，此後又做過修改和擴充，原文與本章有出入的部分，以本章爲準。

〔註2〕　〔清〕俞正燮撰：《俞正燮全集》，于石、馬君驊、諸偉奇點校，合肥：黃山書社，2005年9月第一版，第499～500頁。

〔註3〕　〔清〕紀曉嵐等撰：《六壬大全提要》，《影印文淵閣四庫全書》第八〇八冊，臺北：商務印書館，1983年，第471頁。

　　俞正燮與紀曉嵐的意見可以概括爲：六壬的起源十分古老；壬寄宮於亥，水爲五行之始，亥又爲天門乾之方位，乾爲八經卦之首，水的生數爲一而成數在六，所以「六壬」二字包含萬物起源的思想。

　　不過，如果要進一步追問這些思想古老到什麼程度？有何來歷？製造六壬式的玄女是個什麼人物？其身世如何？西北（亥）方位何以成爲天之門？俞氏和紀氏的研究過於簡略，不能回答這些問題。

　　我們知道，迄今出土的六壬式盤其天盤正中毫無例外都是北斗圖案，這個特徵顯著區別於太乙式和奇門式。這說明六壬之「壬」與北斗之「斗」有某種緊密的內在的邏輯關聯。而壬水寄宮在亥，亥代表的生肖是豬，這些蛛絲馬蹟爲本文的進一步研究提供了線索。

　　事實上，在距今 7000 年前的新石器時代，先民就將北斗比附爲豬（圖2-1）。[註4] 在今人眼中，豬既愚蠢又醜陋，實在難以將它與主宰萬物的北斗[註5] 相聯繫。於是我們不禁要問，先民爲何要將北斗比附爲豬？六壬與北斗的關係是否正是來源於豬與北斗的關係呢？六壬根於天學，那麼豬與北斗的關係是否也正是來源於中國古代天文學呢？本文將從中國古代天文學、先民的生殖崇拜和先民對萬物起源的思考等幾個方面來探討大六壬的古老起源、北斗與豬神崇拜的起源、「天人合一」概念的起源、九天玄女的身世等問題。

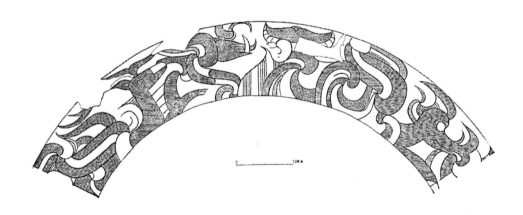

圖 2-1a　內蒙古敖漢旗小山出土陶尊，距今約 7000 年

〔註 4〕　馮時著：《中國天文考古學》，北京：中國社會科學出版社，2010 年 11 月第二版，第 149～154 頁。

〔註 5〕　案：北斗主宰萬物的問題我們在本章第六節討論。

圖 2-1b　河姆渡文化陶缽上的豬圖像，距今約 7000 年

圖 2-1c　崧澤文化陶製斗魁模型，距今約 5200 年

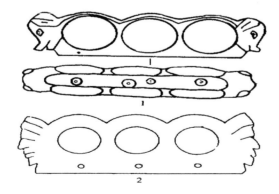

圖 2-1d　紅山文化三孔玉飾，距今約 4000 年

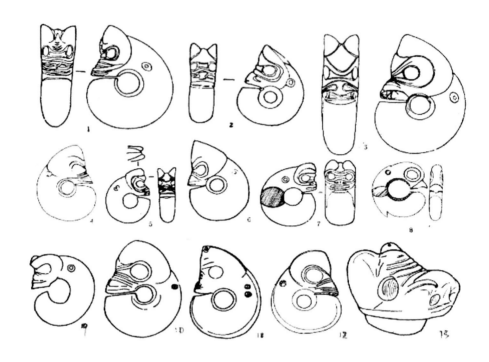

圖 2-1e 紅山文化豬首形飾

圖 2-1f 良渚文化玉琮上的北斗星君

第一節 圭表測影與冬至祭天

「圭表」是古人用來辨正方位、掌握時間、考訂節氣的最早的天文儀器，由「圭」和「表」兩部分構成。「表」是一根直立地平面的杆子，在風和日麗

的晴天，「表」在太陽的照射下會形成一條影子，「圭」則是量度日影的尺子。

現今已經發現的最古老的圭表，出土於素有「堯都平陽」之稱的山西襄汾陶寺遺址，距今約 4100 年（圖 2-2 圭表）。〔註6〕

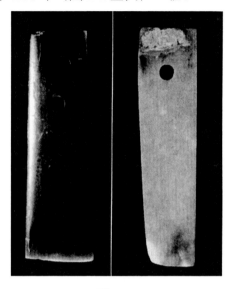

圖 2-2a

圖 2-2b

關於表的使用方法，《周禮·考工記·匠人》云：「匠人建國，水地以縣，置槷以縣，眡以景，爲規，識日出之景與日入之景，晝參諸日中之景，夜考之極星，以正朝夕。」〔註7〕

這種方法就是在水平的地面立一根垂直的杆子，然後以杆子爲圓心在地面畫一個圓，記下日出和日落時杆子的投影在圓上的交點，連接這兩個交點的直線就是東西方向，作這條直線的垂線就得到了南北方向。不過，由於日出與日落的影子比較模糊，在圓上的交點不易找準，所以要參考正午最短的

〔註6〕 a.何駑：《山西襄汾陶寺城址中期王級大墓ⅡM22出土漆杆「圭尺」功能初探》，《自然科學史研究》2009年第28卷第3期。

b.何駑：《陶寺圭尺補正》，《自然科學史研究》2011年第30卷第3期。

c.馮時：《陶寺圭表及相關問題研究》，《考古學集刊》第19集，2013年。

〔註7〕 徐正英、常佩雨譯注：《周禮》，北京：中華書局。2014年2月第一版，第987～988頁。

日影和夜晚北極星的方向來修正（圖2-3）。〔註8〕同時，人們根據日影方向的變化來確定白晝的不同時間，這便是後來發明的日晷的工作原理（圖2-4）。

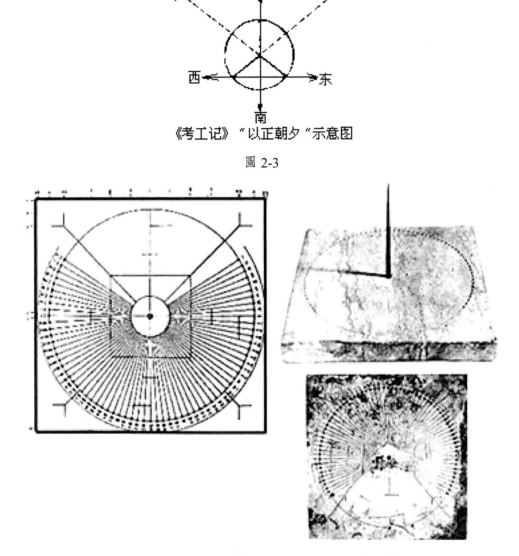

圖 2-3

圖 2-4　內蒙古托克托縣出土中國漢代的日晷
（《中國歷史博物館館刊》1981 年 00 期）

〔註 8〕　爲了克服日影模糊的缺陷，《淮南子‧天文訓》提供了另一種方法，即使用一根定表和一根或一根以上的遊表來配合完成日影的觀測，大大提高了東西和南北方向的精度。

　　通過日復一日的觀測，人們發現正午時刻的日影一天天由長變短，又一天天由短變長，大約 366 天完成一次循環，於是人們有了回歸年的概念。〔註9〕同時人們還發現，日影最長的這一天，白天最短；日影最短的這天，白天最長，於是人們有了冬至、夏至的概念。人們用來度量正午日影長短的工具，就叫「圭」。〔註10〕

　　《周髀算經》卷上云：「周髀長八尺，夏至之日晷一尺六寸。」《周髀算經》卷下云：「冬至晷長一丈三尺五寸，夏至晷長一尺六寸，問次節損益寸數長短各幾何？」〔註11〕後文按照冬至、小寒、大寒、立春一直到立冬、小雪、大雪的順序依次列出了日影長度。先民獲得了冬至與夏至的日影長度以及變化的規律，反過來就可以預計來年冬至與夏至來到的時間。

　　先民之所以重視冬至與夏至的測定，一個重要的原因就是祭祀：冬至祭天，夏至祭地。在今天的北京城，分別位於二環主城東南郊的天壇中的圜丘和東北郊的地壇中的方丘，就是明清兩代皇帝祭祀天、地的地方。古人尤其重視祭天。《中華遺產》2006 年第 1 期一篇題為《袁世凱祭天——天壇的最後一次典禮》的署名文章，還配有照片（圖 2-5），詳細記載了人王祭天的全過程〔註12〕。

　　文章明確記載：袁世凱從南面登上圜丘的第二層朝北站定，深深鞠躬四次，敬獻了絲綢之後，袁世凱就跪到圜丘第一層。

　　如果我們今天去天壇公園實地考察就會看到，在圜丘正北方向坐落著「皇穹宇」建築，殿正中有漢白玉雕花的圓形石座，石座最高處以坐北朝南的方位供奉「皇天上帝」牌位，石座底下左右配享皇帝祖先的神牌（圖 2-6）。「皇穹宇」正殿東西各有配殿，分別供奉日月星辰和雲雨雷電等諸神牌位。地上

〔註9〕　《尚書·堯典》：「諮！汝羲暨和。期三百有六旬有六日，以閏月定四時，成歲。允釐百工，庶績咸熙。」文獻如此記載，這種思想當來源更早。

〔註10〕 馮時著：《陶寺圭表及相關問題研究》，《考古學集刊》第 19 集，2013 年。

〔註11〕 程貞一、聞人軍譯注：《周髀算經譯注》，上海：上海古籍出版社，2012 年 12 月第一版，第 37 頁，第 126 頁。

〔註12〕 沈弘：《袁世凱祭天——天壇的最後一次典禮》，《中華遺產》2006 年第 1 期。原文如下：

　　　　祭天在凌晨前開始。……儀式持續了一個小時。袁世凱從南面登上圜丘的第二層朝北站定，待篝火點起，他按照祭祀官的口令深深鞠躬四次，文武百官也跟著一起鞠躬，……敬獻了絲綢之後，袁世凱就跪到圜丘第一層。獻祭肉的音樂奏起，獸血獸毛馬上撤走，一盅熱湯送到了總統手中。這盅天羹先由袁世凱高舉過頭，然後分三次灑在盤中肉上。……祭天儀式隨之結束。

的人王祭天，祭的就是這位天上的「皇天上帝」和人王的祖先們。

圖 2-5　袁世凱祭天

圖 2-6　「皇穹宇」正殿內部（圖片採自網絡）

　　祭天的大禮其實是淵源有自。《禮記‧郊特牲》云：「郊之祭也，迎長日之至也。**大報天而主日也。**」孫希旦解曰：「迎長日之至，謂冬至祭天也。冬至一陽生，而日始長，故迎而祭之。禮之盛者謂之大，祭天歲有九，而冬至之禮最盛，故謂之大報天。」〔註13〕王文錦解曰：「迎接晝長日子的到來，這是大報天恩而以太陽為主。」〔註14〕《周禮‧春官‧大司樂》云：「冬至日，於地上之圜丘奏之，若樂六變，則天神皆降，可得而禮矣。」徐注：「圜丘：國都南郊祭天的圓形高丘。圓象徵天。」〔註15〕《周禮‧春官‧大宗伯》云：「以禋祀祀昊天上帝。」鄭玄注：「冬至於圜丘，所祀天皇大帝。」〔註16〕由此我們可以知道，人王之所以選擇冬至這天舉行祭天大禮，是因為冬至一陽始生，白晝越來越長，萬物開始復蘇了。

　　祭祀天地的傳統還可以繼續向前追溯。考古發現新石器時代晚期的許多祭祀天地的圜丘和方丘遺存，其中以東山嘴遺址祭壇（圖2-7，紅山文化晚期，距今約5500年）〔註17〕和牛河梁「積石冢」群遺址（圖2-8，紅山文化晚期，距今約5000到5500年）較為著名。〔註18〕顯然，5500年前的人們應該已經懂得了用圭表測日影以確定冬至和夏至。

　　事實上，這個時間我們還可以往前追溯到6500年前，甚至更早。震驚世界的河南濮陽西水坡遺址（圖2-9），馮時先生研究認為當時的人們不僅掌握了立表測影的技術，還已經形成了分至四神和北斗崇拜的觀念（相關內容在第三節詳細討論）。〔註19〕

〔註13〕〔清〕孫希旦撰：《禮記集解》，北京：中華書局，1989年2月第一版，第六八八～六八九頁。

〔註14〕王文錦撰：《禮記譯解》，北京：中華書局，2001年9月第一版，第三四四～三四五頁。

〔註15〕徐正英、常佩雨譯注：《周禮》，北京：中華書局，2014年2月第一版，第482～483頁。

〔註16〕〔清〕阮元校刻：《十三經注疏》二《周禮》，北京：中華書局，2009年10月第一版，第一六三三頁。

〔註17〕郭大順、張克舉：《遼寧省喀左縣東山嘴紅山文化建築群址發掘簡報》，《文物》1984年11期。

〔註18〕遼寧省文物考古研究所：《遼寧牛河梁紅山文化「女神廟」與積石冢群發掘簡報》，《文物》1986年08期。

　　　趙宗軍：《我國新石器時期祭壇研究》，安徽大學碩士學位論文2007年4月。

〔註19〕馮時著：《中國古代物質文化史‧天文曆法》，北京：開明出版社，2013年10月第一版，第〇五二～〇六九頁。

　　　馮時著：《中國天文考古學》，北京：中國社會科學出版社，2010年11月第二

遺址局部（自南向北攝，近處為多圓形基址，中為石圈形臺址，遠處為方形基址）

圖 2-7　東山嘴遺址祭壇

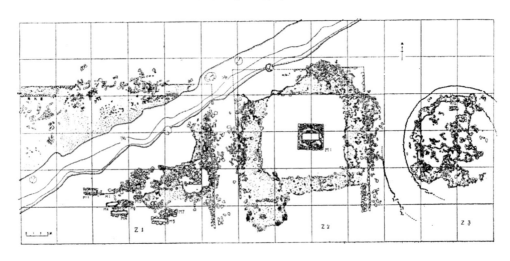

圖 2-8　牛河梁「積石冢」群遺址　圜丘、方丘

版，第 374～408 頁。

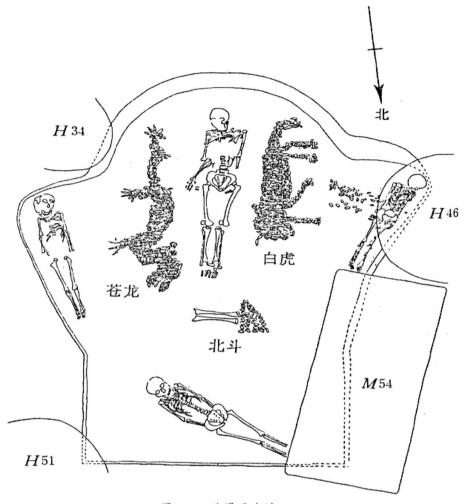

圖 2-9　濮陽西水坡 M45

第二節　「圭」的演變

　　前面我們談到，「圭」是測量日影（特別是冬至和夏至的日影）的天文儀器。由於同一個節氣（比如夏至）各地日影長度並不相同，所以「圭」便具有了尋找地中、度量地域的功能。由於分封諸侯需要利用土圭測量地域大小，於是土圭又演變成爲標示等級的禮器。這種演變，在文獻中可以清楚地看到。

　　《周禮・地官・大司徒》云：「以土圭之法測土深，正日景，以求地中。日南則景短，多暑。日北則景長，多寒。」土深，鄭司農曰：「謂南北東西之

深也。」戴震曰：「南北爲深，東西爲廣。」徐注：「地中，謂天下的中央，爲東西南北之中……日南，標杆影子短於土圭長度謂之日南……反之則日影長。」鄭《注》曰：「凡日景於地千里而差一寸。」〔註20〕

《周髀算經》卷上云：「周髀長八尺，勾之損益寸千里。」趙爽注：「勾謂影也。言懸天之影，薄地之儀，皆千里而差一寸。」程注：「用八尺高周髀測量表影長度，則南北方向距離每改變一千里表影增減一寸。」〔註21〕

《周禮·夏官·土方氏》云：「土方氏掌土圭之法，以致日景，以土地相宅，而建邦國都鄙。」鄭玄注曰：「土地，猶度地，知東西南北之深，而相其可居者。宅，居也。」〔註22〕

《周禮·考工記·玉人》云：「土圭尺有五寸，以致日，以土地。」〔註23〕

《周禮·春官·典瑞》云：「土圭以致四時日月，封國則以土地。」鄭玄注曰：「封建諸侯，以土圭度日景，觀分寸長短，以制其域所封也。」〔註24〕

《周禮·地官·大司徒》云：「凡建邦國，以土圭土其地而制其域。諸公之地，封疆方五百里，其食者半。諸侯之地，封疆方四百里，其食者三之一。諸伯之地，封疆方三百里，其食者三之一。諸子之地，封疆方二百里，其食者四之一。諸男之地，封疆方百里，其食者四之一。」〔註25〕

《周禮·考工記·玉人》云：「玉人之事，鎮圭尺有二寸，天子守之。命圭九寸，謂之桓圭，公守之。命圭七寸，謂之信圭，侯守之。命圭七寸，謂之躬圭，伯守之。」徐注：「鎮圭，古代朝聘所用的信物，天子所執守……命圭，天子在冊命禮儀中授給諸侯、大臣的玉圭。象徵被冊命者的身份地位，也是被冊命者的符信。」〔註26〕

《說文解字》第十三篇下：「圭，瑞玉也。上圓下方。公執桓圭九寸。侯

〔註20〕 徐正英、常佩雨譯注：《周禮》，北京：中華書局。2014年2月第一版，第219～220頁。

〔註21〕 程貞一、聞人軍譯注：《周髀算經譯注》，上海：上海古籍出版社。2012年12月第一版，第37頁，第47頁。
案：「凡日景於地千里而差一寸」是測日影的「圭」向標明封疆貴族身份等級的「珪」轉變的重要原理。

〔註22〕 徐正英、常佩雨譯注：《周禮》，北京：中華書局。2014年2月第一版，第705～706頁。

〔註23〕 同上，第951～952頁。

〔註24〕 同上，第453～454頁。

〔註25〕 同上，第221頁。

〔註26〕 同上，第949頁。

執信圭，伯執躬圭。皆七寸。子執穀璧。男執蒲璧。皆五寸。以封諸侯。從重土。楚爵有執圭。珪，古文圭，從玉。」〔註27〕

　　總結以上文獻關於「圭」的記載，我們得出幾個結論：其一，「土」是度量的意思；「圭」的字形是「土」上重「土」，正是形象生動地描繪測量日影時用「圭」一節一節地丈量的過程；其二，冬至日影的長度是八倍夏至影長又三分之二，那麼陶寺出土的「圭」上的圓孔當是爲了取三分之二之用；其三，根據「凡日景於地千里而差一寸」的原理，分封諸侯用「圭」丈量不同面積的土地，需要不同大小的「圭」，「圭」也就變成了標誌封疆貴族不同等級的禮器，於是「圭」演變成了「珪」。

　　不過，據何駑先生研究認爲：「實際上至西周時期，玉石圭早已喪失了史前時期當地夏至晷影長度標準的象徵意義，也喪失了分封領地、『等邦國』的憑信功能，淪爲純粹標誌墓主身份地位的瑞玉了。」〔註28〕這個問題不在本文的研究範圍，所以不作討論，記於此供有興趣的朋友參考。

第三節　天上的「表」

　　前面我們討論了晝觀日影，本節談談夜觀星斗。

　　我們的祖先沒有今天這樣精準的計時工具和先進的天文儀器。爲了順應自然，也爲了窺測天意，他們辛勤的觀測星空，積累了大量的天文知識。

　　濮陽西水坡 45 號墓葬向我們展示了 6500 年前人們眼中的星空世界。〔註29〕

　　墓主人腳底下的北斗由蚌塑的斗魁和兩根人腿骨代表的斗杓構成。《周髀算經》卷上云：「周髀長八尺，夏至之日晷一尺六寸。髀者，股也。……髀者，表也。」程注：「人的股骨或脛骨叫做『髀』。用表測影是由最初的立人測影

〔註27〕〔漢〕許慎撰：《說文解字》，北京：中華書局。2013 年 7 月第一版，第二九一頁。

〔註28〕何駑：《陶寺圭尺「中」與「中國」概念由來新探》，《三代考古》2011 年 00 期。

〔註29〕馮時著：《中國古代物質文化史・天文曆法》，北京：開明出版社。2013 年 10 月第一版，第〇五二～〇六九頁。

　　　　馮時著：《中國天文考古學》，北京：中國社會科學出版社，2010 年 11 月第二版，第 374～408 頁。

發展而來，人長 8 尺，表高也 8 尺。」〔註 30〕

　　人腿骨象徵地上測日影的表，現在把腿骨放到斗杓處，我們完全有理由相信，北斗就是天上的表。這種觀念至少 6500 年前就已經形成。

　　那麼北斗如何完成計時功能呢？

　　《淮南子・天文訓》云：「斗杓爲小歲，正月建寅，月從左行十二辰。」〔註 31〕由此我們可以知道，北斗計時計的是寅、卯、辰一直到亥、子、丑的十二個月。何爲「左行」？古人面南觀天，一個晝夜之間日月星辰皆東升西落，一年四季之間巡天二十八宿也是東升西落，這種運轉就好比伸出左手，拇指向上，其他四指半握拳，呈順時針方向旋轉，這就叫做「天道左行」。

　　《史記・天官書》云：「北斗七星，所謂『璿、璣、玉衡以齊七政』。杓攜龍角，衡殷南斗，魁枕參首。用昏建者杓；……夜半建者衡；……平旦建者魁。」〔註 32〕於是我們知道：古人將北斗與二十八宿拴繫在一起以便於計時。具體說，斗杓對應角宿，北斗第五星「衡」對應斗宿，斗魁對應參宿（圖 2-10）。如果在黃昏觀察，則看角宿投影到地平面落在哪個方位，若是卯位則是建卯之月，若是午位則是建午之月。如果是在夜半觀察，則看南斗投影到地平面落在哪個方位，若是巳位則是建巳之月，其他依此類推。黃昏、夜半和平旦對應的時間，盧央先生研究認爲分別對應戌時、子時和寅時。〔註 33〕需要說明的是，秦漢年間是否已經具備更加精確的赤道座標系，學界尚有爭議。〔註 34〕本文認爲《天官書》用的是地平座標系。平旦和黃昏時分對應寅

〔註 30〕　程貞一、聞人軍譯注：《周髀算經譯注》，上海：上海古籍出版社，2012 年 12 月第一版，第 37〜38 頁。

〔註 31〕　何寧撰：《淮南子集釋》，北京：中華書局，1998 年 10 月第一版，第二一九頁。

〔註 32〕　〔漢〕司馬遷撰：《史記・天官書》，北京：中華書局，2014 年 8 月第一版，第一五四二頁。

〔註 33〕　盧央著：《中國古代星占學》，北京：中國科學技術出版社，2008 年 3 月第一版，第 15〜16 頁。

〔註 34〕　a 陳美東著：《中國科學技術史天文學卷》，北京：科學出版社，2003 年 1 月第一版，第 128〜130 頁。

　　　　　b 陳遵嬀著：《中國天文學史》，上海：人民出版社，2006 年 7 月第一版，第 1238〜1241 頁。

　　　　　c 吳守賢、全和鈞：《中國古代天體測量學及天文儀器》，北京：中國科學技術出版社，2013 年 3 月第二版，第 364〜366 頁，第 425〜446 頁。

　　　　　d 石雲裏、方林、韓朝：《西漢夏侯灶墓出土天文儀器新探》，《自然科學史研

時和戌時，聊備參考。

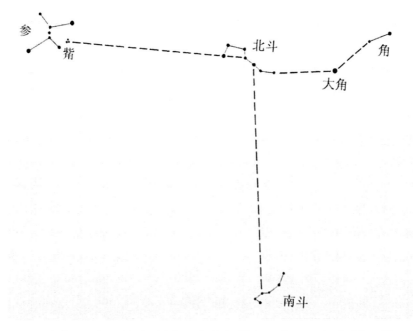

圖 2-10　北斗與 28 宿拴繫圖（《中國古代物質文化史・天文曆法》，第七六頁）

　　最遲至戰國時期，二十八宿體系已經形成，而且全天星空被等分為十二次，與地平十二辰、十二分野實現了完整的對應關係（圖 2-11）。那麼斗柄的指向是比較精確的，《淮南子・天文訓》還將斗柄的指向劃分為 24 個方向對應到二十四節氣，已經非常精細了。〔註35〕

　　不過再往前追溯，我們可以看到斗柄的指向是模糊的。

　　《鶡冠子・環流》云：「斗柄東指，天下皆春。斗柄南指，天下皆夏。斗柄西指，天下皆秋。斗柄北指，天下皆冬。斗柄運於上，事立於下，斗柄指一方，四塞俱成。」〔註36〕

　　　　究》第 31 卷第 1 期，2012 年。
　　　　e 程貞一、聞人軍譯注：《周髀算經譯注》，上海：上海古籍出版社。2012 年12 月第一版，第 111～112 頁。
〔註35〕何寧撰：《淮南子集釋》，北京：中華書局，1998 年 10 月第一版，第二一四～二一八頁：「斗指子則冬至，……加十五日指癸則小寒，……加十五日指癸則大寒，……」
〔註36〕黃懷信撰：《鶡冠子校注》，北京：中華書局，2014 年 3 月第一版，第七〇～七一頁。

《夏小正》云：

> 正月——鞠則見；初昏參中；斗柄懸在下。
>
> 二月——無。
>
> 三月——參則伏。
>
> 四月——昴則見；初昏南門正。
>
> 五月——參則見；時有養日；初昏大火中。
>
> 六月——初昏斗柄正在上。
>
> 七月——漢案戶；初昏織女正東鄉；斗柄懸在下則旦。
>
> 八月——辰則伏；參中則旦。
>
> 九月——辰繫於日。
>
> 十月——初昏南門見；時有養夜；織女正北鄉則旦。
>
> 十一月——無。
>
> 十二月——無。〔註37〕

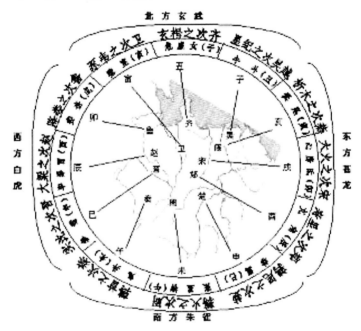

圖 2-11　十二次、十二辰與十二分野（採自網絡）

〔註37〕陳美東著：《中國科學技術史天文學卷》，北京：科學出版社，2003 年 1 月第
　　　　一版，第 11 頁。

　　從《鶡冠子》與《夏小正》看，斗柄均沒有準確地指向十二辰。同時，《夏小正》向我們透露出古人主要以亮星的昏見或者旦見在天空的某個具體方位來確定月份。其中，「參宿七」「織女一」「心宿二」（俗稱大火星）、「南門二」均是全天一等亮星。「昂」宿其實是一個星團，雖然其中沒有一等亮星，但是在夜空十分明亮，非常容易識別。以上星宿應該就是夏代星空的標誌星。與《天官書》「杓攜龍角，衡殷南斗，魁枕參首。用昏建者杓；夜半建者衡；平旦建者魁」相比，雖然標誌星不同（《天官書》是「角宿」「南斗」「參宿」），但兩者是同一種建時思路，即以某一標誌星在某指定的時段出現在某特定方位來標識月份。

　　由以上分析，我們再來看看西水坡 45 號墓葬形制，我們相信，6500 年前的那個時代，先民已經建立了北斗與東方青龍和西方白虎的拴繫系統。馮時先生研究認爲，他們不僅掌握了兩分兩至的測定，而且，東方青龍的標誌星是「心宿」，西方白虎的標誌星是「參宿」，而且它們正好處於當時的春分點、秋分點。〔註 38〕

第四節　天上的「圭」

　　前面我們討論了圭表測影，並找到了天上的「表」。既然「圭、表」一體，那麼天上是不是應該有個「圭」呢？

　　很幸運，得益於近代中國考古學的發展，筆者在曾侯乙墓出土的文物中找到一些蛛絲馬蹟。1978 年在湖北隨縣發掘出戰國早期（約公元前 433 年）的曾侯乙墓，出土了一個漆箱，箱蓋正中篆書一個「斗」字，環列「斗」字順時針書寫著篆文的二十八宿的名字（這是迄今發現的我國關於二十八宿全部名稱最早的文字記載）。再往外，東邊畫著青龍，西邊畫著白虎（圖 2-12）。〔註 39〕箱蓋的星圖與西水坡 45 號墓葬形制如出一轍。兩者在時間跨度上相差 4000 年，但是在文化淵源上顯然是一脈相承。正如《周易・賁》象辭所說：「文明以止，人文也。」先民們通過數十年、數百年甚至數千年的辛勤觀測、辛勤實踐獲得的這些天文知識來之不易，所以他們將這些寶貴的知識一代一代

〔註 38〕馮時著：《中國天文考古學》，北京：中國社會科學出版社，2010 年 11 月第二版，第 374～408 頁。

〔註 39〕隨縣擂鼓墩一號墓發掘隊：《湖北隨縣曾侯乙墓發掘簡報》，《文物》，1979 年 7 期。

忠實的傳承下去。〔註40〕

　　在這二十八宿的名字中，筆者找到了「圭」（箱蓋上寫作 **圭**，見圖2-13）。〔註41〕圭宿，也就是今天我們熟知的奎宿。但是奎宿是不是與測日影有關呢？

圖2-12　曾侯乙墓出土的漆箱蓋

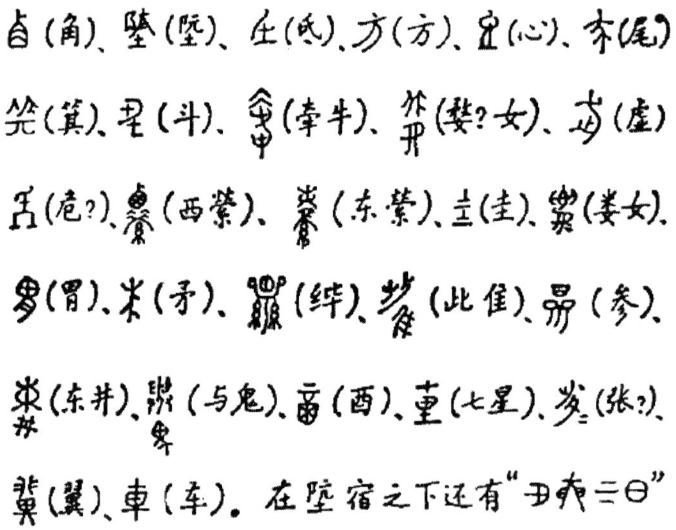

角（角）、墬（氐）、庄（氐）、方（方）、宜（心）、衣（尾）

竻（箕）、早（斗）、牽（牽牛）、艸（婺？女）、芴（虛）

舌（危？）、纍（西縈）、縈（東縈）、圭（圭）、婺（婁女）

多（胃）、米（矛）、縪（絆）、觜（此隹）、昴（參）

來（東井）、鬼（与鬼）、畱（酉）、重（七星）、炎（張？）

冀（翼）、車（车）。在墬宿之下还有"丑春三日"

圖2-13　曾侯乙墓篆書二十八宿

〔註40〕　馮時：《觀象授時與文明的誕生》，《南方文物》2016年01期。

〔註41〕　a.潘鼐著：《中國恒星觀測史》，上海：學林出版社，2009年3月第一版，第11頁。

　　　　b.陳遵媯著：《中國天文學史》，上海：人民出版社，2006年7月第一版，第222～223頁。

　　王健民等學者推測奎宿的形狀正像「圭」字的輪廓，所以將它命名爲「圭」。不過，作者沒有進一步分析「圭」爲何物。〔註42〕鍾守華進一步論證說，「奎」象徵天之大圭，比喻在朝象官之禮器；從戰國到漢代，奎宿至少有過圭、封豕、髀胯三種含義；在曾侯乙墓時代不存在以「圭」去通假「奎」的問題；奎宿的名稱原爲「圭」，「奎」由「圭」衍生而來，「圭」是「奎」的本字。〔註43〕

　　歷數《史記・天官書》《漢書・天文志》《晉書・天文志》《爾雅》《莊子》《說文解字》等典籍，「奎」字主要有如下解釋：

　　一、奎爲天豕、封豕、封豨，均表示大豬

　　二、奎爲溝瀆

　　三、奎爲髀胯

　　四、奎爲府庫

　　「圭」是「奎」的本字，那麼「圭」也可以具有大豬、溝瀆、髀胯和府庫的含義。

　　先民把北斗比附爲豬。北斗是天上的表，大豬是天上的圭，這只是一種巧合嗎？「圭」度日影，莫非「奎」宿與此有關？

第五節　日躔與歲差

　　在第三節，我們談到了「天道左行」。古人面南觀天，一個晝夜之間日月星辰皆東升西落，我們知道這是緣於地球自轉。一年之間巡天二十八宿也是東升西落，我們知道這是緣於地球繞太陽公轉。想像自己身處北半球的天空之上向下俯瞰地球，我們就可以看到地球自轉和公轉的方向都是逆時針的（圖 2-14），正是這種逆時針的轉動導致了「天道左行」的視運動現象。〔註44〕

〔註42〕王健民、樑柱、王勝利：《曾侯乙墓出土的二十八宿青龍白虎圖像》，《文物》1979 年 07 期。

〔註43〕鍾守華：《楚、秦簡〈日書〉中的二十八宿問題探討》，《中國科技史雜誌》第 30 卷第 4 期，2009 年。

〔註44〕莊得新、聶清香著：《天文學》，濟南：山東大學出版社，2002 年 12 月第一版，第 15 頁。

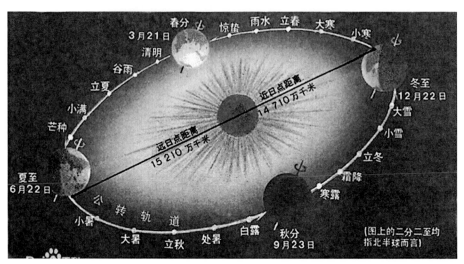

圖 2-14　地球的公轉和四季的形成（採自網絡）

　　然而蓋天家認為，恒星是不動的，行星是運動的（古人認為日、月和金、木、水、火、土五星均是行星）。《晉書·天文志》云：「天圓如張蓋，地方如棋局。天旁轉如推磨而左行，日月右行，隨天左轉，故日月實東行，而天牽之以西沒。譬之於蟻行磨石之上，磨左旋而蟻右去，磨疾而蟻遲，故不得不隨磨以左迴焉。」〔註 45〕大意是說，恒星鑲嵌在天蓋上，整個天蓋像磨盤一樣順時針轉動，而行星在磨盤上逆時針爬行，但是爬行的速度比磨盤慢得多，所以也就被帶動著順時針轉動了。

　　由此我們知道，古人觀察到太陽在巡天二十八宿的恒星背景中逆時針運動，每年轉一圈。太陽的這種運動軌跡叫「日躔」（也叫「日在」），運動到某宿就叫日躔某宿，運動到某次就叫日躔某次。雖然日躔的位置不能直接觀測，但是先民用昏旦中星的方法可以間接得到〔註 46〕，在觀測精度不高的新石器時代，這種方法得到的日躔位置大致不差。另一種可能的方法就是夜半中星法，也叫沖日法，即是在夜半時分觀察位於南中天的星宿，它與太陽相對，從而間接得到日躔的位置。不過，新石器時代的人們是否掌握了夜間計時技術，現在還缺乏證據。最可能發生的情況是：他們是以昏旦中星的方法間接求得了夜半中星的位置，並以此確定夜半時分，而不是相反。

〔註45〕　中華書局編輯部：《歷代天文律曆等志彙編》第一冊《晉書天文志上》原卷十一，北京：中華書局，1975 年 9 月第一版，第一六四～一六五頁。
〔註46〕　潘鼐著：《中國恒星觀測史》，上海：學林出版社，2009 年 3 月第一版，第 15～18 頁。

《夏小正》明確有「初昏參中」「初昏南門正」「參中則旦」的記載，這是先民使用昏旦中星觀測法最早的證據。而秦漢間的《禮記・月令》記載最爲詳細：「孟春之月，日在營室，昏參中，旦尾中……仲春之月，日在奎，昏弧中，旦建星中……季春之月，日在胃，昏七星中，旦牽牛中……」。

那麼，日躔位置與晷影長短有什麼關聯呢？《漢書・天文志》說得很清楚，冬至日躔牽牛，（太陽）距離北極最遠，晷影最長；夏至日躔東井，距離北極最近，晷影最短。〔註47〕

事實上，冬至點並非固定不動，而是沿著黃道逐年西退。這種現象叫做「歲差」。今天我們知道，太陽和月亮對地軸的方向產生擾動，使赤極繞黃極順時針旋轉，同時，行星引力對地球繞日公轉產生攝動，這些綜合作用使兩分點沿著黃道大約 71 年西退 1 度，25800 年移動一周。〔註48〕然而古人發現「歲差」現象卻不是一件容易的事。

冬至日躔牽牛（初度），按照歲差計算這是公元前 450 年的天象情況〔註49〕，這個數據與漢代《太初曆》《三統曆》記載相同〔註50〕。漢武帝時代的鄧平、落下閎等人通過實測，發現冬至點並不在牽牛初度，但是他們認爲是觀測的誤差所致，仍然忠實地接受傳統的觀測結果。直到公元 330 年，東晉的虞喜才打破陳規指出：「堯時，冬至日短星昴，今二千七百餘年，乃東壁中，則知每歲漸差之所致。」〔註51〕於是「每歲漸差」便簡稱爲「歲差」。

現在我們就從牽牛初度開始，作一個簡單的計算。

〔註47〕　〔漢〕班固撰，〔唐〕顏師古注：《漢書・天文志》，北京：中華書局，1962 年
6 月第一版，第一二九四頁。原文如下：
中道者，黃道，一曰光道。光道北至東井，去北極近；南至牽牛，去北極遠；東至角，西至婁，去極中。夏至至於東井，北近極，故晷短：立八尺之表，而晷景長尺五寸八分。冬至至於牽牛，遠極，故晷長：立八尺之表，而晷景長丈三尺一寸四分。春秋分日至婁、角，去極中，而晷中：立八尺之表，而晷景長七尺三寸六分。此日去極遠近之差，晷景長短之制也。去極遠近難知，要以晷景。晷景者，所以知日之南北也。

〔註48〕　余明編：《簡明天文學教程》，北京：科學出版社，2007 年 2 月第一版，第 286
～287 頁。

〔註49〕　潘鼐著：《中國恒星觀測史》，上海：學林出版社，2009 年 3 月第一版，第 24
頁。

〔註50〕　張培瑜、陳美東、薄樹人、胡鐵珠著：《中國古代曆法》，北京：中國科學技
術出版社，2013 年 3 月第二版，第 27 頁。

〔註51〕　中華書局編輯部：《歷代天文律曆等志彙編》第八冊《宋史律曆志七》原卷七
十四，北京：中華書局，1975 年 9 月第一版，第二六三七頁。

　　根據《三統曆》，奎宿初度距離牽牛初度共72度，奎宿距度16度，那麼奎宿末距離牽牛初共88度。按照冬至點每71年西退1度計算，當冬至點處於奎宿的範圍內的時間段距離公元前450年應該大約是5250年到6350年，距今應該是7550年到8650年。需要說明的是，這只是一個粗略計算，因為7000年前的先民的觀測技術一定不精確，那時候肯定用的是地平座標系，而當時的地平座標只有八個方位（圖2-15、圖2-16），而且當時星空被劃分為多少宿實在難以確知。所以此處的計算沒有考慮黃道座標系和赤道座標系的轉換，也沒有考慮古度365.25與今度360的換算。

　　而北斗與豬相比附的出土文物中距今最早的大約是7000年。我們說，文物背後的思想比文物本身更久遠，那麼在距今7550年到8650年的這段時間內，先民掌握了「圭表」測冬至的技術，並觀測到冬至前後日躔奎宿，並把奎宿的象徵物——「豬」和北斗的象徵物——「斗」作了一番比附，這是完全合情合理的！奎宿由於其特殊的位置，它肯定是先民早期關注的星宿之一。

　　但是如果進一步追問：奎宿為什麼是豬的象徵物？難道是因為奎宿的形狀像一隻豬？還是另有深意？

圖2-15　蚌埠雙墩遺址出土陶符，距今7000年
（《中國古代物質文化史・天文曆法》第〇四八～〇四九頁）

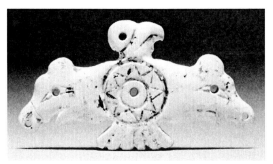

圖2-16　凌家灘遺址雙頭豬，距今7000年
（採自《安徽含山縣凌家灘遺址第三次發掘簡報》）

第六節 我從哪裡來？

幾乎每一個孩童都會詢問爸爸媽媽：「我從哪裡來？」先民告別了蒙昧，開啓了智慧，便在思索「我從哪裡來」？在他們眼裏，生殖是一種神秘的力量，而豬的生殖力足以讓人驚羨不已。

學者們研究認爲，六畜中豬繁殖得最快。一頭母豬兩年可生五次豬仔，一窩豬仔一般有十個上下，多的達二、三十個。小豬生下來後，半年左右又可以配種繁殖。一頭母豬餵養得好，半年可以繁殖四、五十頭小豬。而馬要長三年才能配種，牛長兩年配種，又都是一年產一次，一次產一個。羊至多兩年配三次，一般只產一羔，至多產雙羔、三羔。豬的生長速度也很快，一般七八個月，至多十來個月，就能長成百斤以上的大肥豬。〔註52〕母豬的發情不受季節的限制，而且妊娠期短，牛需要280天，羊需要150天，而豬只要114天。〔註53〕

考古發現，六畜中被人類最早馴化的是豬和狗。從距今4000～8000年的新石器時期的主要遺址出土的「六畜」統計數據看，不論是絕對數和百分率，都以豬最多。〔註54〕先民壽命很難超過20歲，成長期又長，因此種族的繁衍是頭等大事。而豬，因其強大的繁殖力和旺盛的生長力，早已成爲先民的崇拜對象，將其作爲地母神的化身。於是，生者的「家」和死者的「冢」都要以豬（豕）的生命力和生殖力作爲感應的手段。〔註55〕

考察奎宿的模樣，它的確很像甲骨文的「豕」（圖2-17）。《天官書》說奎是天豕，豬又具備極強的生命力，所以我們認爲奎宿表達了先民對生殖崇拜的寓意。

文獻中尚有奎宿與生殖相關的證據。《說文解字》云：「奎，兩髀之間。從大。圭聲。」段玉裁注：「奎與胯雙聲。奎宿十六星以象似得名。兩體之間，人身寬闊處，故從大。首此篆者，蒙上人形言也。」〔註56〕《說文解字》又云：「胯，股也。」段玉裁注：「合兩股言曰胯。胯，兩股之間也。《史記》曰：不能死，出我胯下。」〔註57〕顯然奎就是胯，胯就是兩股之間。馮時先生認

〔註52〕《豬爲六畜之首》，《中國畜牧獸醫》1960年第1期。
〔註53〕俞爲潔：《豬的馴化及其在「六畜」中的地位變遷》，《古今農業》1988年第1期。
〔註54〕同上。
〔註55〕戶曉輝：《豬在史前文化中的象徵意義》，《中原文物》2003年第1期。
〔註56〕〔清〕段玉裁撰：《說文解字注》，北京：中華書局，2013年7月第一版，第四九七頁。
〔註57〕同上，第一七二頁。

為奎宿大概特指女性的骨盆。〔註58〕女性的骨盆當然跟生殖直接相關。

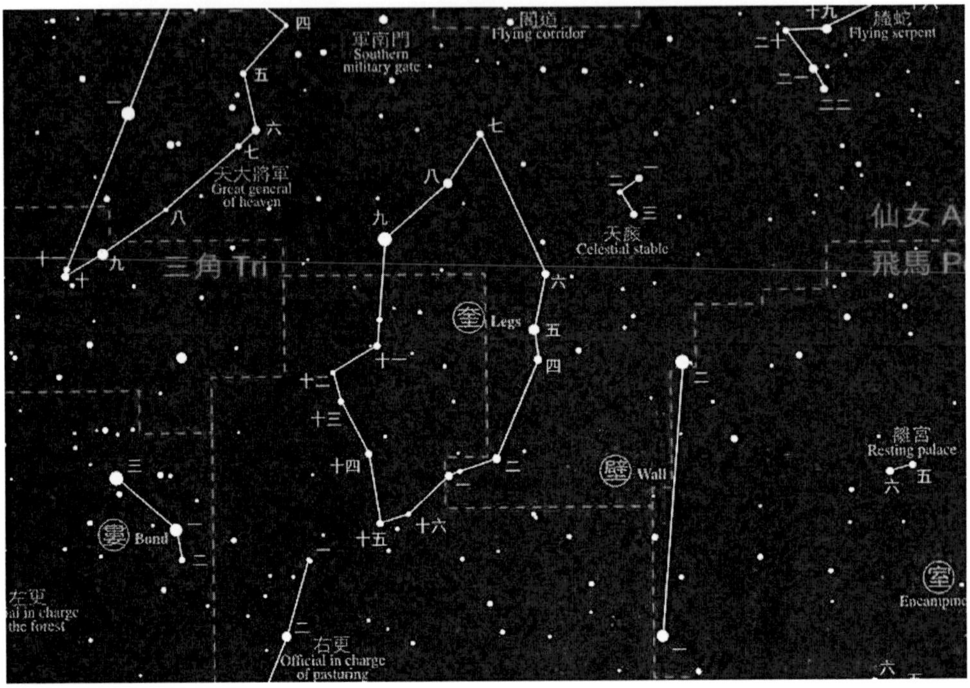

圖 2-17a　奎宿（採自網絡）

圖 2-17b　㚢

　　我們知道「髀者股也，髀者表也」。所以「兩髀之間」的含義，既是兩股之間，也是兩表之間。表影的變化反映的是日躔軌跡的變化，實質是陰陽消長的變化。7500 年前，當太陽運行到奎宿，正是冬至陰極之處，太陽這個極陽之物走到奎宿這個極陰之地，陰陽一交合，新的生命便開始了。所以，奎

〔註58〕馮時著：《中國古代物質文化史・天文曆法》，北京：開明出版社。2013 年 10 月第一版，第一一四～一一六頁。

宿既代表（由長變短和由短變長的）兩條表影之間的多至，也代表兩條大腿之間的女性的骨盆。（另外，根據「髀者，股也。髀者，表也。」筆者推測，很可能人類在半爬行半直立行走的時代就已經懂得觀測自己直立時在太陽下的影子來判斷時間。）

甲骨文的「家」（𤇾），正是房子裏面養了一隻豬，豬就是奎，奎就是女性的骨盆，所以「家」是生養我們的地方。同時，「家」又是收藏東西地方，所以，奎又為府庫。於是，奎為天豕、奎為髀胯、奎為府庫，這幾個解釋都因生殖崇拜而聯繫在一起。奎為溝瀆又作何解釋？順著奎為髀胯的思路，溝瀆或許是指髀胯（盆腔）兩邊的腹股溝。

𤇾的形狀是房子裏面養了一隻豬。更奇妙的是，在奎宿的西邊是營室和東壁兩宿，它們曾經為一宿，正是一所大房子。〔註59〕大房子下面一隻大豬，這不就是「家」嗎？難道這又是巧合？顯然古人認為她們的祖先就是從天上的那個「家」裏生養出來的。

但是，7500 年前的母系社會存在「家」的觀念嗎？

許慎說：「家，居也。從宀，豭省聲」。〔註60〕這裡「豭」指公豬。有學者認為「家」中之「豭」強調了對男性祖先的崇拜，「家」是父系社會才產生的概念。

然而段玉裁提出了疑問：「按此字為一大疑案。豭省聲讀家。學者但見從豕而已。從豕之字多矣。安見其為豭省耶。何以不云叚聲。而紆回至此耶。竊謂此篆本義乃豕之凥也。引申叚藉以為人之凥。字義之轉移多如此。牢、牛之凥也。引申為所以拘罪之牢。庸有異乎。豢豕之生子取多。故人凥聚處借用其字。……家篆當入豕部。」〔註61〕

陳煒湛先生支持段氏的觀點，並認為「家」是會意字，「家」中之「豕」並非特指公豬。〔註62〕流沙河先生的觀點又別具一格：「古代婚配，女來就男曰嫁，男去就女曰家。家本動詞。豭豬牽去就交母豬，其事類同男去就女。」〔註63〕

〔註59〕馮時著：《中國古代物質文化史·天文曆法》，北京：開明出版社。2013 年 10月第一版，第一一一～一一二頁。

〔註60〕〔清〕段玉裁撰：《說文解字注》，北京：中華書局，2013 年 7 月第一版，第三四一頁。

〔註61〕同上。

〔註62〕陳煒湛著：《古文字趣談》，上海：上海古籍出版社，2005 年 12 月第一版，第51～54 頁。

〔註63〕流沙河著：《白魚解字》，北京：新星出版社，2013 年 1 月第二版，第 306 頁。

如圖 2-18。照這樣的理解，公豬只是起到配種的作用，「家」的觀念更像是母系社會的產物。

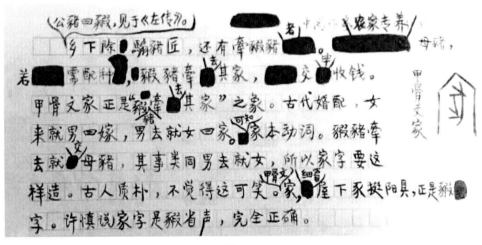

圖 2-18

《左傳‧桓公十八年》：「女有家，男有室，無相瀆也，謂之有禮。易此，必敗。」〔註64〕

　　如果進一步考察甲骨文的「家」字其實有三種寫法：兯、兪、兪。其中，兪強調公豬，兯無此意，而兪是更早期寫法，表達了「男女兩性共同生活，繁衍後代，從而組建了家庭」的這樣一件事實。從兪演變到兯的這樣一個過程隱含的意義是：「家」的觀念產生的那個時代，男女兩性的社會地位並不絕對懸殊。

　　本文認為：在 7500 年前的母系社會既有「家庭」的事實，也有「家」的觀念。我們在民族學和人類學上可以找到大量的證據來證明這一點。〔註65〕

〔註64〕 楊伯峻編著：《春秋左傳注》，北京：中華書局，2009 年 10 月第三版，第一五二頁。

〔註65〕 a 梁釗韜：《關於原始社會史的幾個問題——讀恩格斯〈家庭、私有制和國家的起源〉》，《中山大學學辦 社會科學版》1962 年第 6 期。
　　　　b 張錫祿：《試論白族婚姻制度的演變——紀念恩格斯〈家庭、私有制和國家的起源〉出版一百週年》，《下關師專學報 社會科學版》1984 年第 9 期。
　　　　c 鄧偉志、徐榕：《簡論家庭的起源和演化》，《上海交通大學學報 哲學社會科學版》2004 年第 6 期。
　　　　d 劉成明：《從〈家庭、私有制和國家的起源〉看婚姻中女性地位的變遷》，《重慶科技學院學報 社會科學版》2011 年第 4 期。
　　　　e 林心雨、范世珍：《婚姻家庭的歷史嬗變——基於〈家庭、私有制和國家的

甚至可以推論：在對偶婚產生的時代也就是家庭觀念產生的時代。

　　過去的 100 多年學者們經過不間斷的考察研究認為，在母系社會就已經產生了對偶婚，這是現代意義的婚姻家庭的初級形態。〔註66〕考古學也找到證據，表明在距今至少七八千年前的母系氏族社會，已經存在對偶家庭。〔註67〕

　　我們已經知道，在距今 7000 年前先民便已經用豬來比附北斗。這些器物上的豬，有的是一隻，有的是兩隻，有的是一身雙頭。如果說兩隻豬和雙頭豬表達了先民對陰陽和合的思辨，那麼只有一豬的情況下其雌雄為何？在女性地位處於優勢的 7000 年前，我們首先考慮先民是用母豬來表達生殖崇拜。以後才產生用公豬來表達「家」的觀念，然而公豬的地位也僅僅是配種，而不是被崇拜。所以，奎宿指的是母豬，後來演變為女性的骨盆（或女陰）。

第七節　萬物從哪裡來？

　　前面已經談過，7000 年前的先民只認識了 8 個方位，每一個方位涵蓋的範圍自然要比後人的 12 方位、24 方位寬泛得多。所以營室、東壁、奎宿都在冬至對應的那一片星空，這是毫無疑問的。

　　從冬至開始，新一輪的生命週期就開始了。所以先民要在冬至這一天舉行祭天大禮。人王帶領百官，代替百姓，答謝皇天上帝在過去的一年中給予的恩賜，也祈求來年農業的豐收、人丁的繁衍。

　　這位皇天上帝是誰呢？

　　從袁世凱祭天的照片和祭祀過程的文字記載來看，這位皇天上帝應該住在圜丘正北方位的天空之上：北極。從天壇皇穹宇建築的陳設來看，「皇天上帝」牌位坐北朝南地供奉在正殿正中的漢白玉雕花的圓形石座最高處，正殿東西各有配殿，分別供奉日月星辰和雲雨雷電等諸神牌位。這說明皇天上帝肯定不是太陽，也不是月亮，不是二十八宿，也不是雲雨雷電。

　　那麼這位位於正北星空之上的北極之處的皇天上帝究竟指什麼呢？

　　《史記·天官書》：「北斗七星，所謂『旋、璣、玉衡以齊七政』。……斗為帝車，運於中央，臨制四鄉。分陰陽，建四時，均五行，移節度，定諸紀，

起源〉的文本梳理》，《寧德師專學報 哲學社會科學版》2011 年第 4 期。

〔註66〕同上。

〔註67〕王玉波：《家庭起源新探》，《哲學動態》1992 年第 5 期。

皆繫於斗。」《春秋運斗樞》云：「斗，第一天樞，第二旋，第三機，第四權，第五衡，第六開陽，第七搖光。」

《論語・爲政》：「爲政以德，譬如北辰，居其所而眾星共之。」

《尚書・堯典》云：「在璇璣玉衡，以齊七政。」《尚書大傳》說：「七政，謂春、秋、冬、夏、天文、地理、人道，所以爲政也。」又云：「七政布位：日月，時之主；五星，時之紀。日月有薄食，五星有錯聚。七者得失，在人君之政，故謂之爲政。」馬融曰：「七政者，北斗七星，各有所主：第一曰主日，法天；第二曰主月，法地；第三曰命火，謂熒惑也；第四曰伐水，謂辰星也；第五曰煞土，謂塡星也；第六曰危木，謂歲星也；第七曰罰金，謂太白也。日月五星各異，故名七政也。日月星皆以璇璣玉衡度之其盈縮進退失政所在。」〔註68〕

從這些記載來看，我們認爲皇天上帝指的就是北斗。

馮時先生認爲，大約距今萬年左右，北斗七星大概已經被先民奉爲尊貴的大神了。〔註69〕還認爲：「北斗可以說是中國傳統天文學中最重要的星象，它不僅教會古人如何認識天極，而且通過其與二十八宿赤道星官的聯繫，直接建立起中國獨特的天官體系。因此，北斗在很早的時期便已被先民們奉爲神祇而加以觀測和祭禱了。」〔註70〕

陳霞老師研究認爲：天之中在紫微，紫微星號稱「斗數之主」，被稱爲「帝星」；「斗」作爲天樞，是天地造化的樞紐，是天極之所在，是宇宙萬物的發源地。〔註71〕

……

總而言之，「斗」是天地造化的樞紐，是宇宙萬物的發源地，北斗就是皇天上帝。

從甲骨文「帝」字的造字法，可以看到「帝」形如花蒂（圖2-19）。我們華夏民族，之所以自稱爲「華」，其實「華」就是「花」的本字。這是看到花

〔註68〕〔清〕孫星衍撰：《尚書今古文注疏》，北京：中華書局。2004年2月第二版，第三六頁。

〔註69〕馮時著：《中國天文考古學》，北京：中國社會科學出版社，2010年11月第二版，第137頁。

〔註70〕馮時著：《百年來甲骨文天文曆法研究》，北京：中國社會科學出版社，2011年12月，第32～33頁。

〔註71〕陳霞：《淺析中國古代的北斗信仰》，濟南：齊魯書社《道教與星斗信仰》下，2014年12月，第469～479頁。

蒂開花結果，形成種子，再一代一代繁衍下去的現象，先民追溯祖先，將人祖與天帝建立起血緣關係，以帝爲至上神而認祖歸宗的結果。帝的觀念是祖先崇拜的源頭。〔註72〕

圖 2-19　甲骨文「帝」

　　我從哪裡來？我是父母所生。父母從哪裡來？父母是父母的父母所生。父母的父母又從哪裡來？父母的父母的父母……從哪裡來？山川河流從哪裡來？日月星辰從哪裡來？天地萬物又從哪裡來？這樣追溯下去，先民認爲是上帝創造了這一切，上帝住在天的中心，也就是眾星環繞的北極。北斗圍繞北極旋轉，終年可見，先民就把北斗視同上帝。〔註73〕由此可見，「上帝」是中國本有的概念，與基督教主宰萬物的「GOD」是相似的含義。

　　寫到這裡，本文認爲中國哲學的基本觀念「天人合一」指天與人在本質上同宗同源，這個思想可以一直追溯到 7500 多年前的北斗與豬神崇拜。

第八節　九天玄女的原型——豬神

　　「豬」早已被先民當作生殖大神，當豬與北斗有了比附關係之後，豬的地位便上升到了萬物起源的大神。這種思想在《莊子·大宗師》中還有體現，詳見注釋〔註74〕。它說「道」是天地的根本，又說：「狶韋氏得之，以挈天地；

〔註72〕　馮時著：《中國古代的天文與人文》，北京：中國社會科學出版社，2006 年 1
　　　　　月第一版，第 70～86 頁。
〔註73〕　申明：因爲豬在六畜中生殖力最強，所以用豬來比附生養萬物的北斗。這個
　　　　　觀點是筆者聽馮時先生授課所得。在此感謝馮時先生傾囊相授。本文撰寫完
　　　　　成投稿之際，未見馮時先生相關論文發表。在此特別加以說明。豬與奎宿相
　　　　　關，奎宿是天上的大圭，北斗是天上的大表，所以豬與北斗便有了比附關係。
　　　　　這是筆者的獨立觀點。
〔註74〕　〔晉〕郭象注〔唐〕成玄英疏：《莊子注疏》北京：中華書局，2011 年 1 月第
　　　　　一版，第 136～139 頁。原文如下：
　　　　　　　夫道有情有信，無爲無形；可傳而不可受，可得而不可見；自本自根，
　　　　　未有天地，自古以固存；神鬼神帝，生天生地；在太極之先而不爲高，在六
　　　　　極之下而不爲深，先天地生而不爲久，長於上古而不爲老。狶韋氏得之，以

伏犧氏得之，以襲氣母；維斗得之，終古不忒……」這段論述中，自「狶韋氏」以下部分以神話傳說的口吻講述了天地星辰的演化過程，近世注家皆認為荒謬怪異，疑是後人添加。〔註75〕而唐代成玄英認為「狶韋氏」是指遠古帝王號。〔註76〕通過前面的研究，本文認為這些說法都不確切。

　　根據葉舒憲的考證，「狶」即「豕」，「狶韋氏」正是指神獸大豬。〔註77〕此說很有道理。

　　「狶」即「豕」，那麼「狶韋氏」就是「豕韋氏」。事實上，《後漢書志第十九・郡國一》明確寫道：「自危十七度至奎四度，曰豕韋之次，一名娵訾，於辰在亥……」。〔註78〕

　　豕韋就是大豬，十二生肖之一的亥也就是豬，奎宿也是豬，亥中藏壬，「六壬」式占的壬也便是生殖大神「豬」。於是以「豬神」為線索，我們可以看到其名稱的演化。

　　至此，我們對於六壬的起源有了一個清楚的瞭解。在六壬式盤中，豬神奎宿演變成了「壬」，上帝便是天盤中心的北斗。

　　挈天地；伏犧氏得之，以襲氣母；維斗得之，終古不忒；日月得之，終古不息；堪壞得之，以襲崑崙；馮夷得之，以遊大川；肩吾得之，以處太山；黃帝得之，以登雲天；顓頊得之，以處玄宮；禺強得之，立乎北極；西王母得之，坐乎少廣，莫知其始，莫知其終；彭祖得之，上及有虞，下及五伯；傅說得之，以相武丁，奄有天下，乘東維，騎箕尾而比於列星。

〔註75〕陳鼓應注譯：《莊子今注今譯》，北京：商務印書館，2007年7月第一版，第215頁。注釋原文：「這一節神話，疑是後人添加，亦無深意，無妨刪去。施天侔著《莊子疑檢》，已認為此節非莊周之學。宣穎說：『以上諸神半出荒唐，莊子但取以寓意不暇論也。』嚴復說：『自夫道以下數百言，皆頌歎道妙之詞，然是莊文最無內心處，不必深加研究。』……。」

〔註76〕〔晉〕郭象注〔唐〕成玄英疏：《莊子注疏》北京：中華書局，2011年1月第一版，第137頁。

〔註77〕葉舒憲著：《亥日人君》，西安：陝西人民出版社，2008年3月第一版，第76～77頁。

〔註78〕〔晉〕司馬彪撰，〔梁〕劉昭注補：《後漢書志》，北京：中華書局，1965年5月第一版，總第三三八五～三三八六頁。原文如下：

　　　注〔三〕帝王世記曰：「自天地設闢，未有經界之制。三皇尚矣。諸子稱神農之王天下也，地東西九十萬里，南北八十五萬里。及黃帝受命，始作舟車，以濟不通。乃推分星次，以定律度。自斗十一度至婺女七度，一名須女，曰星紀之次，於辰在丑，謂之赤奮若，於律為黃鍾，斗建在子，今吳、越分野。自婺女八度至危十六度，曰玄枵之次，一名天黿，於辰在子，謂之困敦，於律為大呂，斗建在丑，今齊分野。自危十七度至奎四度，曰豕韋之次，一名娵訾，於辰在亥，謂之大淵獻，於律為太蔟，斗建在寅，今衛分野。

於是，我們可以明白「壬」字的本意便指萬物起源。《說文解字注》正以此為解云：

> 壬位北方也。陰極陽生。《月令》鄭注。壬之言任也。時萬物懷任於下。《律書》曰。壬之為言任也。言陽氣任養萬物於下也。《律曆志》曰。懷任於壬。《釋名》曰。壬，妊也。陰陽交。物懷妊。至子而萌也。故《易》曰。龍戰於野。坤上六爻辭。戰者，接也。釋易之戰字。引易者，證陰極陽生也。《乾鑿度》曰。陽始於亥。乾位在亥。《文言》曰。為其兼於陽。故稱龍。許君以亥壬合德。亥壬包孕陽氣。至子則滋生矣。象人褢妊之形。如林切。七部。承亥壬呂子生之敘也。故舉坤上六爻辭。坤上六在亥。壬與巫同意。巫像人兩袖舞。壬像人腹大也。壬承辛。象人脛。脛任體也。冢大一經。凡壬之屬皆從壬。〔註79〕

簡言之，「壬」字正是「懷孕」、「萬物秉陽氣而初生」的含義。

本章的引言部分提到「玄女」是大六壬的創造者，因為唐李筌《太白陰經》云：「玄女式者，一名六壬式，玄女所造，主北方萬物之始，因六甲之壬，故曰六壬。」類似的記載還有許多。比如《黃帝龍首經》說：「黃帝將上天，次召其三子而告之曰：吾昔受此《龍首經》於玄女，經章傳義十有二緒……」〔註80〕陳公獻所著《大六壬指南》卷二題為《大六壬九天玄女指掌賦》說：「九，天數。玄，天色。女，陰象。《黃帝陰符》亦如此解，言陰與之符也。故：九天之數，以玄女名，包於陰而陰與符合意。」〔註81〕另外，根據李零先生整理的式占類文獻目錄，〔註82〕我們可以找到以「玄女」命名的與六壬式有關的文獻有《玄女式經要法》《黃帝授三子玄女經》《玄女經》等。

那麼這位九天玄女是誰呢？既然玄女主北方萬物之始，我們當然有充分的理由認為九天玄女的真實身份就是天上的奎宿，也就是豬神。

〔註79〕〔清〕段玉裁撰：《說文解字注》，北京：中華書局，2013年7月第一版，第七四九頁。

〔註80〕李零主編，陳久金點校：《中國方術概觀》式法卷，北京：人民中國出版社，1993年6月第一版，第2頁。

〔註81〕〔明〕陳公獻撰，鄭同編校：《大六壬指南》，北京：華齡出版社，2013年1月第一版，第25頁。

〔註82〕李零著：《中國方術正考》，北京：中華書局，2006年5月第一版，第85～92頁。

小結

本章從中國古代天文學、先民的生殖崇拜和先民對萬物起源的思考等幾個方面來探討大六壬的古老起源。研究發現：大六壬的起源、北斗與豬神崇拜的起源、「天人合一」思想的起源、九天玄女的身世，這些眾多的問題其實有一個共同的源頭。圭表測影可以知時節，北斗是天上的大表，奎宿是天上的大圭。7500 年前，當太陽運行到奎宿，正是冬至寒冷時節。太陽這個極陽之物走到奎宿這個極陰之地，陰陽一交合，新的生命便開始了。冬至陰極而陽生，先民在冬至時節舉行祭天大禮，祈求農業豐收也祈求人丁興旺。六畜中豬的生殖力最強，所以先民把奎宿當做天上的大豬，表達生殖崇拜。而北斗被先民尊奉為生養萬物的上帝，所以代表生殖崇拜的豬便與北斗有了實質性的聯繫，因此，先民用豬來比附北斗，表達對生命繁衍和萬物起源的崇拜。

大六壬正是起源於 7500 年前的中國上古天文學，「壬」「九天玄女」都由天上的奎宿「豬神」演變而來，都具有萬物起源的含義，而中國哲學的基本觀念「天人合一」正是起源於此。

至於西北（亥）方位何以成為天之門，這個問題我們在下一章來研究分析。

第三章　大六壬「天一貴神」起源考
——兼論「天門地戶」「天傾西北」之天文學原理

　　中國古代星占學和數術學中「天一貴神」赫赫有名，比如馬王堆漢墓帛書《陰陽五行》乙篇「傳勝圖」中央赫然畫著「天一」神（見圖 3-1），在大六壬文獻中「天一」神尊貴無比。然而祂的身世在學界的種種猜測中愈發顯得撲朔迷離，錢寶琮、陳久金、潘鼐、陳遵嬀等先生的觀點並不相同。

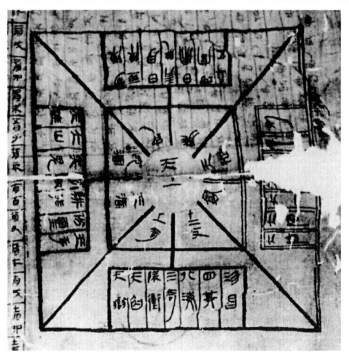

圖 3-1　傳勝圖（採自《長沙馬王堆漢墓簡帛集成·整理圖版》第 12 頁）

　　其次，數術學中「天門地戶」的說法早已廣爲人知，如六朝銅製六壬式盤，其四維分別寫著「西北天門乾」「東南地戶巽」「西南人門坤」「東北鬼門艮」。〔註1〕筆者查閱馬王堆漢墓帛書也找到類似的占文，如《刑德篇‧傳勝占》中天門、地戶、人門、鬼門的內容可以清楚釋讀出來。〔註2〕但是，「天門地戶」是何來歷？也即爲何天門在西北而地戶在東南？未見有合理解釋。再次，古代文獻《列子》《淮南子》有共工觸不周山導致「天傾西北，地陷東南」的傳說；在出土文獻如郭店楚簡、孔家坡漢簡中也有類似記載，但是少了神話色彩而代之以客觀的描述；戰國時期的文學作品《天問》中也有相關記載。〔註3〕

　　學界多以中國的地形西北高東南低來詮釋之，唯有馮時先生指出：「所謂天傾西北只能理解爲天極的位置不在天之中央，而向西北傾倚。」並有詳實論證。不過，仔細領會馮時先生的意思，他是認爲天極與極星不重合，天極在極星的西北，這個現象在 5000 年前就被先民關注到了。〔註4〕我的觀點略

〔註1〕　嚴敦傑：《式盤綜述》，《考古學報》，1985 年第 4 期。

〔註2〕　裘錫圭主編：《長沙馬王堆漢墓簡帛集成‧整理圖版》，北京：中華書局，2014 年 6 月第一版，第五二頁。原文爲：「九月舍於？，其日遊於地戶……十月舍於？，其日遊於人門……十一月舍於？，其日遊於天門……十二月舍於？，其日遊於鬼門……」。？爲文字缺損。

〔註3〕　《列子‧湯問》：「共工氏與顓頊爭爲帝，怒而觸不周之山，折天柱，絕地維，故天傾西北，日月星辰就焉；地不滿東南，故百川水潦歸焉。」詳見楊伯峻撰：《列子集釋》，北京：中華書局，2016 年 4 月第一版，第一五八頁。

　　　　又見《淮南子‧天文訓》：「昔者共工與顓頊爭爲帝，怒而觸不周之山，天柱折，地維絕，天傾西北，故日月星辰移焉；地不滿東南，故水潦塵埃歸焉。」詳見劉文典撰：《淮南鴻烈集解》，北京：中華書局，1989 年 5 月第一版，第八〇頁。

　　　　出土文獻如郭店楚簡《太一生水》：「天不足於西北，其下高以強。地不足於東南，其上？以？。不足於上者，有餘於下。不足於下者，有餘於上。」詳見李零著：《郭店楚簡校讀記》增訂本，北京：中國人民大學出版社，2007 年，第 42 頁。

　　　　孔家坡漢簡也說：「天不足西方，天柱乃折；地不足東方，地維乃絕。」詳見湖北省文物考古研究所、隨州市考古隊：《隨州孔家坡漢墓簡牘》，北京：文物出版社，2006 年第一版，第 110～112 頁。

　　　　《天問》：「斡維焉繫，天極焉加？八柱何當，東南何虧？」詳見王泗原撰：《楚辭校釋》，北京：中華書局，2014 年 7 月第一版，第八四頁。

〔註4〕　馮先生說：「根據歲差計算得到的公元前 5000 年的天象卻表明，當時的赤道圈確實向著西北傾斜。」又說：「天極與極星是兩個截然不同的概念。天文學所指的天極實際是指某一時代北天中的不動點，也就是所謂的赤道北極。」

有不同，所謂「天傾西北」是由於歲差的作用導致天極的位置發生了變化，5000 年前的天極在天一星附近，到西周初年移動到了帝星，帝星在天一星西北。這個問題我們在後文中詳細討論。

以上三個問題具有高度的相關性，本文將在前人研究的基礎上再做一些補充討論，提出新看法。

第一節 「天一貴神」是誰？

遠古時代的生產力水平低下，人的命運被環境決定。人們理解不了自然的變化，產生了鬼神崇拜。他們祭祀天地、日月、山嶽、河流。同時，人們也渴望預知未來，掌控命運，於是產生了巫術和占卜。出土的殷商甲骨文留下了大量的祭祀和占卜的記載。眾多鬼神中最被尊崇的是帝或上帝，祂是至上神〔註5〕，有很大的權威，主宰自然和下國，並有帝廷和臣正。〔註6〕

隨著人們生產力和思維水平的提高，隨著人們對自然規律的掌握，到戰國時期，數術開始興旺起來。然而，數術中存在眾多的神煞，筆者粗略統計六壬式占中的各種神煞至少有 70 個。〔註7〕本文認為：如此眾多的神煞反映了人類對客觀環境認知的規律，越是早期的人類越是認為人的命運受制於鬼神，這是早期巫術中的鬼神崇拜在晚期數術中的體現。

大六壬神煞中最主要的是十二天將和十二月將，最重要的又是天一貴神。

隋代蕭吉《五行大義·論諸神》說：

> 十二將者，天一土將，前一騰蛇，火將；前二朱雀，火將；前三六合，木將；前四勾陳，土將；前五青龍，木將；後一天后，水將；後二太陰，金將；後三玄武，水將；後四太裳，土將；後五白虎，金將；後六天空，土將。天一已如前解；騰蛇主驚恐；朱雀主

還說：「先民以可見天體天一一星為天極之所在，但這卻不是當年的極星。」「天樞於《周髀算經》又稱北極樞，由於它成為北斗拱極運動的樞紐，因而充當了當年極星。」詳見馮時著：《中國天文考古學》，北京：中國社會科學出版社，2010 年 11 月第二版，第 61 頁，第 127 頁，第 136 頁。

〔註 5〕 郭沫若：《先秦天道觀之進展》，《郭沫若全集·歷史編》第一卷，北京：人民出版社，1982 年第一版，第 320～321 頁。

〔註 6〕 陳夢家著：《殷虛卜辭綜述》，北京：中華書局，1988 年 1 月第一版，第 561～572 頁。

〔註 7〕 李峰注解：《御定六壬直指》，海口：海南出版社，2006 年 3 月第二版，第 46～119 頁。

文書；六合主慶賀；勾陳主拘礙；青龍主福助；天后猶是神后，天
一之妃；太陰主陰私；玄武主死病；大裳主賜賞；白虎主鬥訟；天
空主虛耗也。〔註8〕

　　此處已經明確點出十二天將名稱和相互位置關係（圖3-2）〔註9〕，還告
訴我們每一個神所主宰事情的類型。第二章我們討論過，至少在6500年前先
民就已經形成東方青龍、西方白虎的星象觀念，並已經形成了北斗崇拜，構
建了北斗、青龍、白虎在空間的拴繫關係。而青龍、朱雀、白虎、玄武傳統
四象與二十八宿配合的完整形式是在公元前3世紀中葉至前2世紀中葉的百
年時間內完成的。而四象的起源不晚於公元前4000年。〔註10〕這說明大六壬
的天將系統有很早的來源。

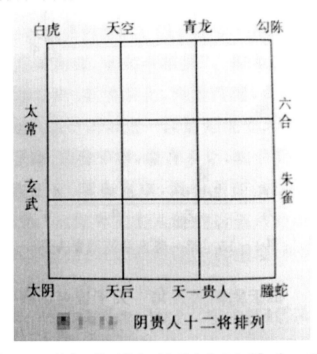

圖3-2　天將十二神（採自《中國古代星占學》第76頁）

〔註8〕　〔隋〕蕭吉著，劉鴻玉、劉炳琳譯解：《五行大義白話全解》，北京：氣象出
　　　　版社，2015年1月第一版，第321頁。又見上海古籍出版社《續修四庫全書》
　　　　子部第一○六○冊。

〔註9〕　案：此圖盧央先生誤將「天一貴神」寫成了「天一貴人」。關於天一貴神排布
　　　　的算法，我們在第五章討論。

〔註10〕　馮時：《中國天文考古學》，北京：中國社會科學出版社，2010年11月第二版，
　　　　第409～434頁。

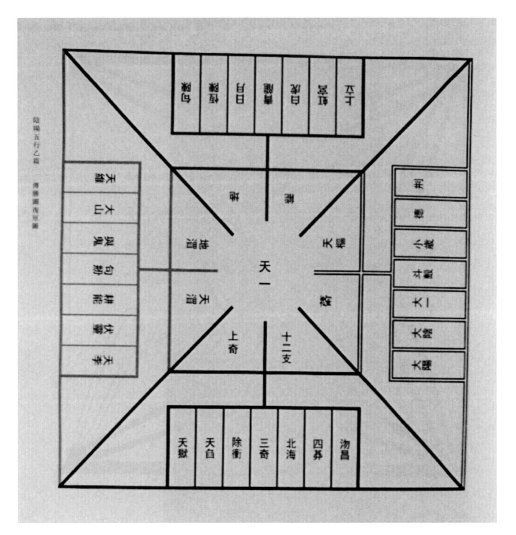

圖3-3 傳勝圖之復原圖（採自《長沙馬王堆漢墓簡帛集成・整理圖版》第13頁）

比《五行大義》更早期的傳世經典《黃帝金匱玉衡經》說：「天一貴神，位在中宮，據璇璣把玉衡，統御四時，攬撮陰陽，手握繩墨，位正魁罡……」大意是說，天一貴神的位置在天空的中央，祂掌控北斗七星（案：璇璣玉衡和魁罡都是指北斗），統領四時節令，決定陰陽五行。此外，天一貴神還統領其他天將（星象）。〔註11〕古人認為星象即是天神，也叫天官，《天官書・索

〔註11〕 李零主編《中國方術概觀》式法卷，人民中國出版社，1993年6月第一版，第36頁。原文如下：

天一貴神，位在中宮，據璇璣把玉衡，統御四時，攬撮陰陽，手握繩墨，位正魁罡；左房右參，背虛向張；四七布列，首羅八方；規矩乾坤，噓吸陰

引》案：「星座有尊卑，若人之官曹列位，故曰天官」。《黃帝金匱玉衡經》的這些記載於此正合。

比對馬王堆出土的漢墓帛書「傳勝圖」（見圖 3-1）及其「復原圖」（見圖 3-3），我們可以清楚地看到「天一」神雄踞中心被四方諸神環繞拱護的圖案。這說明至遲西漢「天一」神在數術學中已經相當著名。

再比對《天官書》的描述：

> 中宮天極星，其一明者，太一常居也；旁三星三公，或曰子屬。後句四星，末大星正妃，餘三星後宮之屬也。環之匡衛十二星，藩臣。皆曰紫宮。前列直斗口三星，隨北端兌，若見若不，曰陰德，或曰天一。紫宮左三星曰天槍，右五星曰天棓，後六星絕漢抵營室，曰閣道。……斗爲帝車，運於中央，臨制四鄉。分陰陽，建四時，均五行，移節度，定諸紀，皆繫於斗。〔註12〕

很明顯，《天官書》所言的「太一」就是宇宙萬物的主宰「上帝」，而「北斗」爲帝車，拴繫二十八宿，具有「分陰陽，建四時，均五行，移節度，定諸紀」的功能，於是就用北斗來代替「上帝」行駛主宰天地的大權。

如此看來，六壬式占中的「天一貴神」指的正是《天官書》中主宰萬物的上帝「太一」。然而，事情不會那樣簡單。因爲《天官書》明確提到了「天一」星：「前列直斗口三星，隨北端兌，若見若不，曰陰德，或曰天一。」後文又說：「天一、槍、棓、矛、盾動搖，角大，兵起。」〔註13〕這裡的天一星一共三顆，位置在北斗斗口上方成品字形，**與軍事有關**。可以肯定，《黃帝金匱玉衡經》所說的「天一」，不是《天官書》中的「天一」。

陽；首五後六，以顯吉凶。青龍主左，繫屬角亢；白虎輔右，正在觜參；朱雀在前，翻舞翼張；玄武在後，承德收功。六合廚傳，勾陳將軍，騰蛇誅斬，金鉞鏘鏘。天后貴配，太常臺郎。太陰陰將，主錄後宮。天空下賤，主侍帝庭。白虎傷害，審其吉凶。各有部署，不得縱橫。天一統理，中外清明。金木水火，各有列行。不治魁罡，初建戊己。天之本鄉，故能治中。神氣所藏，甲子終癸酉，戌亥孤虛，王父之墓，不在旬中，不治魁罡，是謂重凶。三十六用，金匱玉房，天一最尊，爲之主主；將中威神，巍巍堂堂。

　　根據李零先生的研究，《黃帝金匱玉衡經》成於南北朝，其基本占法是天一、六壬二法兼用；金匱是古時候政府的藏書之所，玉衡爲北斗第五星星名，突出北斗七星在此占法中的重要地位。

〔註12〕〔漢〕司馬遷著：《史記・天官書》，北京：中華書局，2014 年 8 月第一版，第一五四二頁。
〔註13〕同上，第一五四六頁。

晚出的六壬典籍關於「天一」的說法也不同。北宋天文學家楊惟德著《景祐六壬神定經》說：「司馬遷《天官書》曰：天乙在紫微宮門右星南，天帝之神也，主鬥戰，知人吉凶者也。」〔註14〕更晚出的明代《六壬大全》說：「《天官書》曰：天乙在紫微宮，門外右星，天帝之神，主戰鬥，知人吉凶。」〔註15〕兩者說法大同小異，都說「天乙星」在紫微宮門外右側，是天帝之神，既主宰戰鬥也知道人的吉凶。

可是《天官書》原文並無這樣的說法，倒是唐代張守節撰《史記正義》說：「天一一星，疆閶闔外，天帝之神，主戰鬥，知人吉凶。……太一一星次天一南，亦天帝之神，主使十六神，知風雨、水旱、兵革、飢饉、疾疫。」〔註16〕與《史記正義》成書年代同時略早的《開元占經》記載：

> 石氏曰：「天一星，在紫宮門外右星南，與紫宮門右星同度。」（南星入軫十度，去極十度半，在黃道內七十四度半。）……石氏曰：「太一一星，在天一星南，相近。」（入軫十度，去極十度，在黃道內七十四度半也。）《祖暅占》曰：「太一，赤，天帝神也；主使十六神，知風雨、水旱、兵革、飢饉、疾疫，災害所在之國。」
> 石氏曰：「天一星明，吉；不明，不吉。」〔註17〕

再查更早期的文獻《晉書·天文志》云：「天一星在紫宮門右星南，天帝之神也，主戰鬥，知人吉凶也。太一星在天一南，相近，亦天帝神也，主使十六神，知風雨水旱、兵革飢饉、疾疫災害所在之國也。」〔註18〕《史記正義》《開元占經》與《晉書·天文志》關於天一星的位置與星占吉凶的說法基本相同，如圖3-4。值得注意的是，除了《開元占經》外，這些傳世典籍一致提到「天一主戰鬥」，筆者認為這是戰國秦漢年間兵陰陽家的一支（天一家）遺留下來的東西。相關討論見第五章第四節。

〔註14〕李零主編，陳久金點校：《中國方術概觀》式法卷，北京：人民中國出版社，1993年6月第一版，第335頁。

〔註15〕同上，第483頁。

〔註16〕〔漢〕司馬遷著：《史記·天官書》，北京：中華書局，2014年8月第一版，第一五四一頁。

〔註17〕李零主編，伊世同點校，何琳儀復校：《中國方術概觀》占星卷，北京：人民中國出版社，1993年6月第一版，第685頁。

〔註18〕《歷代天文律曆等志彙編》第一冊，北京：中華書局，1975年9月第一版，第一七五～一七六頁。

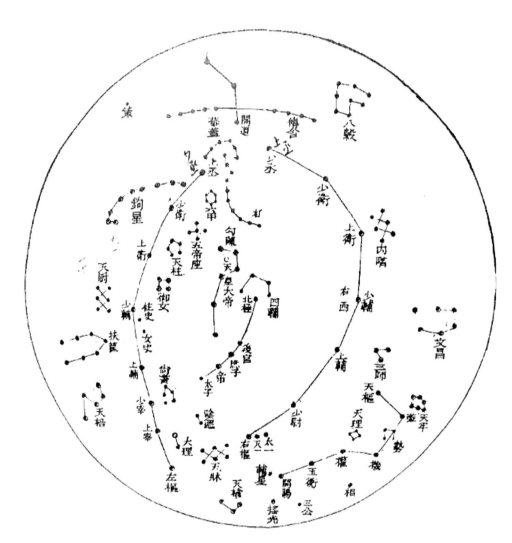

圖 3-4 《新儀象法要》紫微垣星圖
（採自《中國恒星觀測史》第 328 頁）

《晉書·天文志》又說：「後武帝時，太史令陳卓總甘、石、巫咸三家所著星圖，大凡二百八十三官，一千四百六十四星，以爲定紀。今略其昭昭者，以備天官云。」〔註19〕

《開元占經》中的「石氏」指的是戰國時期的天文及星占學家石申夫，傳說他作《石氏星經》，後已失傳。從以上文獻的查閱，我們可以得出一個初步的判斷：天一、太一星應該是出自《石氏星經》。只是：既然天一貴神的地

〔註19〕 同上，第一七四～一七五頁

位如此尊崇，其位置為何在紫宮門外？《天官書》記載的天一卻是斗口三星，與石氏不同，這是怎麼回事？文獻中天一又寫作天乙，這又是為何？我們暫且將這些問題放一放，先來看看學界前輩對相關問題的爭論。

第二節　近現代學者的爭論

顧頡剛與楊向奎先生說：「《晉書・天文志》係唐李淳風等根據晉武帝時太史令陳卓總甘、石、巫咸三家所定的星圖而作的。故其記天皇大帝、天一、太一等星名和《甘公星經》同而與《史記・天官書》異。《天官書》中沒有天皇大帝星，其天一也只是陰德三星的別名，不是後來的天一星。」〔註20〕

按說甘、石、巫咸三家所定的星圖比《天官書》早得多，但是顧、楊兩位先生認為《晉書・天文志》所言的天一星與《天官書》所言的天一星相比，那是「後來的天一星」。

這也難怪，因為《甘石星經》早已亡軼，《晉書・天文志》和《開元占經》轉載的記錄是否真實便是個問題。而《天官書》歷來被認為是權威之作。

錢寶琮先生說：「《石氏星經》是東漢以後的星占術書，託於戰國時代魏星占家石申而作的。……近世星圖上的天一、太一，大概就是《石氏星經》裏的天一、太一。」〔註21〕又說：「西漢初年還沒有『太一，星名』的解釋。」還認為「太一」這個名詞「從陰陽未分的道演變到總理陰陽的天神，大概是西漢初年的事實。」〔註22〕

潘鼐先生的研究又有所不同：「甘公、石申夫的天文及星占著作，早年必定是存在過的，那就是史、漢引文的原書，但原作早已失傳，不可復得。……由於甘、石二家《星經》聲名鵲起，所以天文星占的內容，歷代屢有篡改增刪。……傳本《星經》存有戰國時甘、石二家的部分天文星占資料。但既有傳抄之誤，也雜有後世附益改竄之說。書雖非古代真本，然所保存的數據自必有相當一部分為古代遺留的觀測值。」〔註23〕

〔註20〕顧頡剛、楊向奎著：《三皇考》，太原：山西人民出版社，2014年12月第一版，第133頁。

〔註21〕錢寶琮著：《錢寶琮科學史論文選集・太一考》，北京：科學出版社，1983年10月第一版，第220頁。原載《燕京學報》專號第八，1936年1月。

〔註22〕同上，第212頁，第213頁。

〔註23〕潘鼐著：《中國恒星觀測史》，上海：學林出版社，2009年3月第一版，第75～78頁。

　　陳遵嬀先生的說法比潘鼐又進一步，他以宋皇祐年間觀測爲準，通過歲差計算指出天乙和太乙分別是公元前 2608 年、前 2263 年的北極星。〔註24〕持相同或相似觀點的還有李約瑟等。〔註25〕各家的計算略有一點差異，應該是計算方法以及對兩星位置的指認不同導致的。這個觀點在邏輯上令人信服，因爲眾星環繞北極旋轉，天一即是天極，天一貴神位於中宮正是名副其實。

　　陳久金先生的觀點則有些令人驚訝：「天一又寫作天乙。而天乙是商王朝的開國者商湯的名字。將商湯作爲北極星的名稱，是合情合理的。前已介紹，據計算天乙爲公元前 2600 年左右的極星。……將天乙星命名在這個位置，不應該理解爲偶然的巧合。」〔註26〕

　　潘鼐先生在《若干星名的注釋》中對「天一」星的解釋是：「古代傳說中的神名。……亦作天乙。又《世本》『王侯大夫譜』稱：『湯名天乙』。」〔註27〕看來潘先生也同意「天一」星的名字來源於「湯」。

　　我們想問：天一、太一與天乙、太乙存在互換的寫法嗎？先秦有沒有天一星、太一星的命名？如果有，出現在什麼時間？湯名「天乙」與「天一」星究竟有沒有關係？

第三節　「天一」「天乙」「太一」名稱來源之檢討

　　「太一」這個名稱，最早源於道家的「道」和「一」，「太一」無非是「一之又一」的意思。顧頡剛、錢寶琮等學者對此有過研究〔註28〕，這裡再補充

〔註24〕　陳遵嬀著：《中國天文學史》，上海人民出版社，2006 年 7 月第一版，第 197～199 頁。

〔註25〕　李約瑟〔原著〕柯林·羅南改編，上海交通大學科學史系譯：《中華科學文明史》2，上海：上海人民出版社，2002 年 6 月第一版，第 122～123 頁。又見陳久金著：《星象解碼——引領進入神秘的星座世界》，北京：群言出版社，2004 年 5 月第一版，第 15～16 頁。

〔註26〕　陳久金著：《星象解碼——引領進入神秘的星座世界》，北京：群言出版社，2004 年 5 月第一版，第 16 頁。

〔註27〕　潘鼐著：《中國恒星觀測史》，上海：學林出版社，2009 年 3 月第一版，第 195頁。

〔註28〕　錢寶琮著：《錢寶琮科學史論文選集·太一考》，北京：科學出版社，1983 年 10 月第一版，第 208～212 頁。

顧頡剛、楊向奎著：《三皇考》，太原：山西人民出版社，2014 年 12 月第一版，第 28～30 頁。

又見鄭文：《駁〈九歌〉作於漢代諸證》，《西北師大學報》社會科學版，1963

一點討論。

郭店戰國楚竹書《老子》說：「有狀混成，先天地生。寂寥獨立不改，可以爲天地母。未知其名，字之曰道，吾強爲之名曰大。大曰逝，逝曰遠，遠曰反。」〔註29〕

顯然，這裡的「道」和「大」都是老子爲先天地生的宇宙本體勉強起的名字。

《老子今注今譯》第十章說：「載營魄抱一，能無離乎？」第二十二章又說：「是以聖人執一爲天下式。」第三十九章說：「昔之得一者，天得一以清，地得一以寧，神得一以靈，谷得一以盈，萬物得一以生，侯王得一而以爲正。」注家均將這裡頻繁出現的「一」解釋爲「道」。〔註30〕

郭店戰國楚竹書《太一生水》說：「大一生水，水反輔大一，是以成天。天反輔大一，是以成地。」李零先生說，「大一」是「太一」本來的寫法。〔註31〕

關於天一與太一的關係，馮時先生說：「大、太爲古今字，是大一之稱早於太一。大一也就是天一，古文字大、天二字形近易混，也多通用，故天一當爲本稱。」〔註32〕

所以，這裡的「道」「大」「一」只是稱呼不同而實質相同，「天一」「大一」「太一」也都是相同的含義。人們認識數字是很早就有的事。然而將世界的本體抽象爲數字「一」，將世界的演化抽象爲「道生一，一生二，二生三，三生萬物」，這是先秦道家的智慧。譚寶剛先生認爲作爲哲學含義的「太一」出現在春秋後期。〔註33〕我從其說。

那麼，哲學的「一」，神名的「一」，星名的「一」按照其出現的順序誰先誰後呢？按照人類思維發展的順序，抽象的概念出現在具象的事物之後。那麼，一定是具有哲學思辨的名稱「一」出現之後才會用這個名稱去命名「那

年第 5 期。

〔註29〕 李零著：《郭店楚簡校讀記》增訂本，北京：中國人民大學出版社，2007 年 8 月第一版，第 4 頁。

〔註30〕 陳鼓應注譯：《老子今注今譯》，北京：商務印書館，2003 年 12 月第一版，第 108～109、161、169、221 頁。

〔註31〕 李零著：《郭店楚簡校讀記》增訂本，北京：中國人民大學出版社，2007 年 8 月第一版，第 41～42 頁。

〔註32〕 馮時著：《中國天文考古學》，北京：中國社會科學出版社，2010 年 11 月第二版，第 173 頁。

〔註33〕 譚寶剛：《「太一」考論》，《中州學刊》2011 年 7 月第 4 期。

「個」神和「那顆」星。所以,「天一」和「太一」作爲星名和神名不可能出現在春秋末之前。

事實上,查找從西周到春秋時期的傳世文獻以及出土文物找不到「天一」和「太一」這樣的語詞,搜索殷商的甲骨文獻更是沒有任何蛛絲馬蹟。

那麼湯名「天乙」,此「天乙」不會是彼「天一」。除非「天乙」與「天一」這兩種寫法很早就可以互換。

然而篩查先秦兩漢的文獻,未見「天一」與「天乙」「太一」與「太乙」這種互換的寫法,唯一的反證可能是東漢高誘注《淮南子》,在高誘之前找不到用「天乙」「太乙」來指代北極星(或至上神)的用法(也許本人孤陋寡聞,至今還沒有發現學界有人研究過這個問題)。

《淮南子・覽冥訓》:「昔者,師曠奏白雪之音⋯⋯」高誘注:「白雪,太一五十弦琴瑟樂名也。」據張雙棣先生做版本學的考證:「汪本、張本、黃本、莊本、《集解》本《注》『一』作『乙』,餘本同《藏》本。」〔註34〕

張先生說:「此次《淮南子》研究,在校勘方面尤其著力。因莊逵吉本清人多有微詞,劉文典《集解》本又因當時條件的制約仍以莊本爲底本,於《道藏》本、景宋本雖偶有提及,並未用以對勘,明代劉績等本亦鮮爲利用。故而我從頭做起,以正統《道藏》本爲底本,以景宋本、明劉績《補注》本等明本爲參照,並參考出土文字、古代類書及史傳舊注,詳勘細校。」〔註35〕

如此看來,高誘本人將「太一」寫成「太乙」的可能性幾乎沒有,應該是後世在傳抄過程中抄錯。

另有晚清學者孫詒讓先生說:

《越絕書・德序外傳記第十八》「後祉天人」

案:「天人」當作「天乙」。《吳越春秋・勾踐伐吳外傳》作「後人天乙」,是其證。〔註36〕

考察發現孫先生的觀點並不正確。在《越絕書》這一節,孫先生注明是根據錢培名校刊本、傳錄盧文弨校明吳館本、錢培名《箚記》和俞樾《讀越絕書》校。〔註37〕爲此,筆者專門找到李步嘉先生撰寫的《越絕書校釋》和

〔註34〕 張雙棣撰:《淮南子校釋》(增訂本),北京:北京大學出版社,2013年1月第二版,第六四四頁。

〔註35〕 同上,初版自序。

〔註36〕 〔清〕孫詒讓著,雪克、陳野點校:《札迻》,北京:中華書局,第九五頁。

〔註37〕 同上,第八九頁。

張覺先生撰寫的《吳越春秋校證注疏》查閱。〔註38〕

《越絕書校釋‧德序外傳記第十八》：

……度天關，涉天機，後袿天人，前帶神光。

注〔十二〕錢培名曰：……「度天關」四句，《吳越春秋》作「度天關，涉天梁，後入天一，前翳神光。」「梁」與「光」韻。「天人」無義。疑此「機」字、「人」字並誤。〔註39〕

再查《吳越春秋校證注疏‧勾踐伐吳外傳第十》：「度天關，涉天梁，後入天一，前翳神光。」後有注文：「天一：星名，占術中用作神名。……」〔註40〕

也即：錢培名先生採用的《吳越春秋》底本寫作「天一」，張覺先生校勘《吳越春秋》採用的元大德刻本明修本也是寫作「天一」。

因此，孫詒讓先生將「天一」寫作「天乙」是不審慎的。

前文已述，先秦兩漢的傳世文獻找不到將「天一」寫作「天乙」的情況，從殷商到春秋時期的傳世文獻以及出土文獻中找不到「天一」和「太一」這樣的語詞，那麼，湯名「天乙」是怎麼回事呢？

《荀子‧成相》：「十有四世，乃有天乙是成湯。」〔註41〕在《史記‧殷本紀第三》：「主癸卒，子天乙立，是爲成湯。」〔註42〕但是出土的甲骨文獻

〔註38〕《越絕書校釋》「前言」部分總結了前人在《越絕書》的整理研究方面做出的成績與不足，對清人的《越絕書劄記》兩種（一爲德清俞樾所作，一爲常熟錢培名所作）、張宗祥的《越絕書校注》、樂祖謀《越絕書》點校本一一做出點評。「凡例」部分對其校釋工作根據的底本和參考的眾多點校本以及廣搜類書、地志、史注、集注等四十餘種古籍文獻做出了說明。《吳越春秋校證注疏》「前言」和「凡例」部分，張覺先生介紹說，他是以國家圖書館珍藏的後世所有《吳越春秋》版本之源的元大德刻明修本作爲底本，再依據其他材料進行校正，而校改也採取審慎的態度儘量保留大德本的風貌。本人認爲，以這兩本書作爲參考來研究孫詒讓先生提出的問題很有必要。

詳見李步嘉撰：《越絕書校釋》，北京：中華書局，2013 年 5 月第一版。

以及張覺撰：《吳越春秋校證注疏》，北京：知識產權出版社，2014 年 3 月第 2 版。

〔註39〕李步嘉撰：《越絕書校釋》，北京：中華書局，2013 年 5 月第一版，第三六七頁。

〔註40〕張覺撰：《吳越春秋校證注疏》，北京：知識產權出版社，2014 年 3 月第 2 版，第 319～320 頁。

〔註41〕〔清〕王先謙撰：《荀子集解》，北京：中華書局，2012 年 3 月第一版，第 448 頁。

〔註42〕〔漢〕司馬遷著：《史記‧殷本紀》，北京：中華書局，2014 年 8 月第一版，第一二〇頁。

顯示，商湯的名字並不叫「天乙」。

馮時先生說：「上甲以下的先王皆以天干爲廟號……羅振玉更以《殷本紀》對照卜辭，指實甲骨文所見示壬、示癸、大乙、大丁、大甲……武乙、文丁諸王。」〔註43〕又說：「這些名號以天干與親稱、諡號及區別字相連綴，只用於死者而不用於生者，構成了樸素的廟號系統。」那麼這些廟號是如何得來的呢？前賢提出生日說、死日說、次序說、卜選說、分組說等看法，馮時先生總結這些觀點，認爲「唯卜選說最切事實」，並明確指出：成湯的廟號爲「大乙」，也稱「上乙」。釋爲「大」則表示次序大、中、小、高、毓，釋爲「上」則表示方位上、下、卜（外）、入（內）。〔註44〕

顯然，這裡的「大」或「上」並無「天」和「太」的含義。前面已經提到：古文字大、天二字形近易混，也多通用。所以，湯本名「大乙」，大約在戰國時期被人寫成了「天乙」。既然「大乙」的「乙」是卜選所得的天干名，那麼這個「乙」與萬物本源的「一」是否有關係呢？

清代段玉裁《說文解字注》：

> 乙 象春草木冤曲而出。陰氣尚強。其出乙乙也。冤之言鬱。曲之言詘也。乙乙、難出之兒。史記曰。乙者、言萬物生軋軋也。漢書曰。奮軋於乙。文賦曰。思軋軋其若抽。軋軋皆乙乙之叚借。軋從乙聲。故同音相叚。月令鄭注云。乙之言軋也。時萬物皆抽軋而出。物之出土艱屯。如車之輾地澀滯。與丨同意。謂與自下通上之丨同意也。乙自下出上礙於陰其書之也宜倒行。

這裡「丨」讀「滾」，意思是下上相通。《五行大義白話全解》解釋說：

> 用「乙」表示草木的長出，這與牽引向上行的「丨」用意相同，都是自下通上，所不同的是「丨」上行順暢，「乙」上行艱難。萬物初出艱難到何種程度呢？鄭玄注《禮記·月令》說，乙的意思是軋，即萬物從土中生出，就如同車輪輾地一樣滯澀。〔註45〕

顯然，「乙」與「一」的含義相去甚遠。作爲廟號的「大乙」與作爲哲學意味的「天一」風馬牛不相及。所以，商湯的名字與天一星沒有絲毫關係。

〔註43〕 馮時著：《中國古文字學概論》，北京：中國社會科學出版社，2016年3月第一版，第260頁。

〔註44〕 同上，第266～269頁。

〔註45〕 〔隋〕蕭吉著，劉鴻玉、劉炳琳譯解：《五行大義白話全解》，北京：氣象出版社，2015年1月第一版，第16頁。

另，檢索近世學者的研究文章，龔維英先生從民族學、宗教學的角度論證楚人祭祀的東皇太一絕不是殷商大乙湯，其論證有理有據。〔註46〕但是，他沒有對「天一」又寫作「天乙」提出質疑。

同時，筆者注意到天文數術類典籍中「天一」「太一」是在宋代以後逐漸演變爲「天乙」「太乙」的。在第一節筆者羅列了一些例子，這裡再作一些補充：

宋代《新唐書・藝文志》記載有《太一兵法》《太一大遊曆》《太一曆》《太一式經》《太一式經雜占》《太一九宮雜占》，還有王希明撰《太一金鏡式經》，僧一行撰《天一太一經》等等。〔註47〕這裡無一例外均寫作「天一」「太一」。

在清代《欽定四庫全書》中，唐代瞿曇悉達撰《開元占經》均寫作「天一」「太一」〔註48〕；而唐代王希明撰《太乙金鏡式經》，宋代楊惟德等人集撰《景祐太乙福應經》《景祐遁甲符應經》《景祐六壬神定經》，明代程道生撰《遁甲演義》，明代萬明英撰《三命通會》，明代無名氏撰《六壬大全》，清代允祿等集撰《協紀辨方書》等均寫作「天乙」「太乙」。〔註49〕這裡有一個特例：北周庾季才撰（宋王安禮等人重修）《靈臺秘苑》，其中卷一《紫微垣》星圖和釋讀文字均寫作「天一」「太一」，而卷十《紫微垣》的論述中寫作「天乙」「太乙」。〔註50〕其原因我認爲是宋代王安禮等人重修時將原作修改了，但是將原作的圖示（及釋文）保留了下來。至於《四庫全書》中《太乙金鏡式經》與《新唐書》中《太一金鏡式經》的寫法爲什麼不同，還需要進一步考證，本文以《新唐書》爲準。

在《續修四庫全書》中，唐代以前的《黃帝龍首經》《黃帝金匱玉衡經》《黃帝授三子玄女經》，隋代蕭吉撰《五行大義》均寫作「天一」「太一」，宋

〔註46〕 龔維英：《〈九歌〉東皇太一決非大乙（湯）》，《西北師大學報》社會科學版，1964 年第 3 期。

〔註47〕 〔宋〕歐陽修、宋祁撰：《新唐書・藝文志》，北京：中華書局，1975 年 2 月第一版，第一五五〇～一五五八頁。

〔註48〕 《影印文淵閣四庫全書》第八〇七冊，臺灣：商務印書館，1983 年。

〔註49〕 以上典籍均查自《影印文淵閣四庫全書》，臺灣：商務印書館，1983 年。又見李零主編，陳久金點校：《中國方術概觀》式法卷，北京：人民中國出版社，1993 年 6 月第一版。

〔註50〕 《影印文淵閣四庫全書》第八〇七冊，臺灣：商務印書館，1983 年，第 9 頁，第 86 頁。

代楊惟德等人集撰《遁甲符應經》，明代吳國仕輯《造命宗鏡集》，清代《六壬軍帳神機》等均寫作「天乙」「太乙」。〔註51〕

故宮藏本宋代以後的命理書《淵海子平》《五行精紀》《御定子平》也均寫作「天乙」「太乙」。〔註52〕

但是，有些學者的個人著作裏面既出現「太一」，也出現「天乙」（如黃宗羲）。〔註53〕

另外，前文已述唐代以前的古籍如《淮南子》《越絕書》《吳越春秋》等文獻中的天文、數術內容在後世流傳中有的版本將「天一」「太一」寫成「天乙」「太乙」。

以上是查閱文獻的情況。

筆者再從標有名稱的傳世星圖中查找線索：唐代敦煌星圖甲本的斗柄上方標有「天一」「太一」兩星，然而斗口上方還有「天」「太」兩星（如圖3-5），這與其他星圖顯著不同，其原因還需要深入研究；北宋蘇頌《新儀象法要》所載紫微垣星圖和渾象北極圖，其中「天一」「太一」兩星清晰可見（如圖3-4、圖3-6）；南宋蘇州黃裳石刻星圖也是分明刻有「天一」「太一」兩星（如圖3-7）；元代郭守敬編製的星圖星表，據潘鼐先生研究其原本已經了無蹤跡，但是他尋得明抄本，其上寫爲「天乙」「太乙」；〔註54〕明代及以後的星圖（包括從日本、韓國、朝鮮傳回的版本）上「天一」「太一」和「天乙」「太乙」均有發現，但是以後者爲多，詳情見《步天歌研究》〔註55〕《中國古星圖》〔註56〕以及《中國恒星觀測史》第七章、第九章，限於篇幅這裡就不一一介紹了。

〔註51〕 以上典籍均查自《續修四庫全書》，上海：上海古籍出版社，2002年。

〔註52〕 〔宋〕徐子平撰：《淵海子平》，《故宮珍本叢刊》，海口：海南出版社，2002年2月第一版。
〔宋〕廖中撰，鄭同點校：《五行精紀》，《故宮藏本術數叢刊》，北京：華齡出版社，2010年5月第一版。《御定子平》，《故宮藏本術數叢刊》，北京：華齡出版社，2011年5月第一版。

〔註53〕 〔清〕黃宗羲撰：《易學象數論》，北京：九州出版社，2007年12月第一版，「天乙」見第271頁，「太一」見第286頁。

〔註54〕 潘鼐著：《中國恒星觀測史》，上海：學林出版社，2009年3月第一版，第374～380頁，第409頁。

〔註55〕 周曉陸著：《步天歌研究》，北京：中國書店，2004年1月第一版。

〔註56〕 陳美東著：《中國古星圖》，瀋陽：遼寧教育出版社，1996年12月。

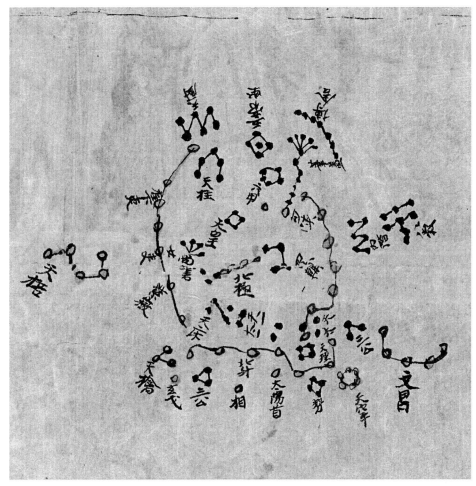

圖 3-5　唐代敦煌星圖甲本
（採自《中國古代物質文化史・天文曆法》第一八〇頁）

　　概言之：傳世的宋代及以前的星圖均寫作「天一」「太一」，以後出現「天乙」「太乙」；傳世文獻《新唐書》《四庫全書》《續修四庫全書》中，成書時間在唐代及以前的作品都寫作「天一」「太一」，以後寫作「天乙」「太乙」。

　　據此，筆者認為：很可能是宋代的道教徒（或天文數術學者）在整理神仙譜系時有意用「天乙」「太乙」命名為天神以區別於「天一」「太一」星（以前是星名、神名不分的），但是從明代開始，人們就不注意這個區別了，而將兩者相混淆；然而，成書於唐代以前的非數術類文獻中出現的天文、數術內容，在後世的某些版本中被刊印者誤寫作「天乙」「太乙」，應該是刊印者受他所生活的時代的天文數術類圖書的影響所致。

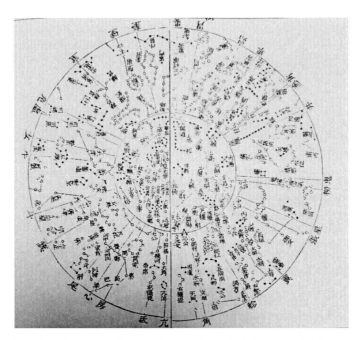

圖 3-6 《新儀象法要》渾象北極圖（採自《中國恒星觀測史》第 331 頁）

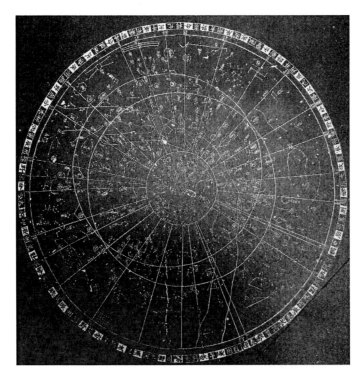

圖 3-7 南宋黃裳石刻星圖（採自《中國恒星觀測史》第 347 頁）

於是近世有學者以訛傳訛，誤以爲「一」和「乙」古時就相通，甚至發揮想像以爲「天一」（或「太一」）星神是「大乙」湯的化身。除前文所述陳久金、潘鼐之外，李光信、鄭文均有此論，龔維英雖然批駁了「太一」決非「大乙」湯，但是他也認爲「一」和「乙」相通。〔註57〕然而，在民國以前的文獻中找不到「天一」（或「太一」）源自「大乙」湯的說法。

第四節 「天一」「太一」星神由石申夫命名

上一節談到「天一」「太一」作爲星名和神名出現的時間上限不會早於春秋末期，但是否眞如錢寶琮先生所說「西漢初年還沒有『太一，星名』的解釋」，「（太一）從陰陽未分的道演變到總理陰陽的天神，大概是西漢初年的事實」？

事實上，「太一」星和「太一」神在戰國時期的文獻中是有線索可尋的。

《韓非子‧飾邪第十九》明明白白記載了「太一」星。爲了保證版本的權威，筆者專門查找了張覺先生用三十年磨一劍的工夫撰寫的《韓非子校疏析論》，其中《飾邪第十九》說：

> 此非豐隆、五行、太一、王相、攝提、六神、五括、天河、殷槍、歲星非數年在西也，又非天缺、弧逆、刑星、熒惑、奎、臺非數年在東也。

其中針對「太一」的【校記8】：

> 一：吳本、張抄、錢抄、藏本、張本、陳本同，趙本作「乙」。

注釋中對「豐隆、五行、太一……」等名稱均作了詳細解釋，全部是星象或星的名字。〔註58〕張覺先生紮實的工作爲我們進一步的研究掃清了障礙。〔註59〕韓非子不是星占學家，他寫這篇文章是爲了批評人們的迷信思想

〔註57〕 李光信：《九歌東皇太一篇題初探》，《學術月刊》，1961年第9期。
又見鄭文：《駁〈九歌〉作於漢代諸證》，《西北師大學報》社會科學版，1963年第5期。
又見龔維英：《〈九歌〉東皇太一決非大乙（湯）》，《西北師大學報》社會科學版，1964年第3期。

〔註58〕 張覺撰：《韓非子校疏析論》，北京：知識產權出版社，2011年10月第一版，第291～294頁。

〔註59〕 在《韓非子校疏析論‧凡例》張覺先生對《韓非子》原文部分校正勘定的審慎態度以及對各大善本相異之處的取捨依據。張覺先生又對《韓非子》流傳的版

和行為。顯然，在韓非子生活的時代，「太一」星早已廣為人知。

戰國時期「太一」被當作天神的證據也可以找到。譬如《楚辭‧九歌》第一篇便是《東皇太一》〔註60〕，《鶡冠子‧泰鴻》：「中央者，太一之位，百神仰制焉，故謂以宮。」〔註61〕也是其證。

前文已述，《開元占經》《史記正義》《晉書‧天文志》都記載了「天一星」「太一星」的位置，傳說它們來源於戰國《石氏星經》。雖然石申夫繪製的星圖和星經已經失傳，但是在北宋《新儀象法要》紫微垣星圖（圖3-4）和唐代敦煌星圖甲本（圖3-5）均可以清晰的看到「天一星」「太一星」。那麼給「太一」星和「太一」神命名的不是石申夫又會是誰呢？〔註62〕只是這兩顆5000年前的極星在石申夫之前叫什麼名字，由於史料缺失已無從考證了。

葛兆光先生指出，北極、太極、道、太一在先秦兩漢的文獻中可以互相替換和詮釋。〔註63〕此論甚是。那麼很難相信，這兩顆名字頗具萬物起源和宇宙本體意味的「天一」和「太一」星在5000年前出現在北極附近是一個巧合。不過本文認為，這兩顆星的位置本來就很近，5000年前的觀測肯定達不到今天的精確度，所以當時的先民把這兩顆星共同當做天的中心，並認為尊貴的上帝就住在那裡。但是由於歲差的作用，在3000年前的西周初年北極已經移動到了小熊座β星附近，這就是後世星圖上的「帝星」。〔註64〕只不過，筆者查閱古星圖發現，這個帝星是直到北宋蘇頌繪製《新儀象法要》的紫微垣星圖時才被標注上去的（圖3-4）〔註65〕。春秋戰國時代的天學工作者都不

本做了詳細梳理，還對各篇的真偽進行了考辨。詳見張覺著：《韓非子考論》，北京：知識產權出版社，2016年1月第2版，第21～78頁，第49～78頁。

〔註60〕 王泗原撰：《楚辭校釋》，北京：中華書局，2014年7月第一版，第二二二頁。

〔註61〕 黃懷信撰：《鶡冠子校注》，北京：中華書局，2014年3月第一版，第二三〇頁。

〔註62〕 戰國文獻尚未找到「天一」星神的記載，但是鑑於「天一」和「太一」兩星密切的關係，本文認為「天一」作為星和神的名字在戰國時期也一定出現。

〔註63〕 葛兆光：《眾妙之門——北極與太一、道、太極》，《中國文化》1990年第2期。

〔註64〕 陳遵媯著：《中國天文學史》，上海人民出版社，2006年7月第一版，第199頁。
潘鼐著：《中國恒星觀測史》，上海：學林出版社，2009年3月第一版，第237頁。
陳久金著：《星象解碼——引領進入神秘的星座世界》，北京：群言出版社，2004年5月第一版，第16頁。
馮時著：《中國古代物質文化史‧天文曆法》，北京：開明出版社，2013年10月第一版，第八三頁。

〔註65〕 潘鼐著：《中國恒星觀測史》，上海：學林出版社，2009年3月第一版，第328頁。

把當時的天極小熊座 β 星稱之為帝星，也不把它稱之為「太一」星，《天官書》也只是說：「中宮天極星，其一明者，太一常居也。」這說明帝星的地位在當時並非得到普遍承認。

潘鼐先生研究認為《石氏星經》恒星表的原本大概作於公元前 5 世紀的戰國初期。〔註 66〕本文認為可信。近代有學者計算認為《石氏星經》的數據應觀測記錄於西漢末年，〔註 67〕也許他們對歷史文獻的梳理和論證的重視程度不如「科學」的計算那麼多吧。

所以，甘德與石申夫作星經、繪星圖並非是一個傳說。至少「天一」和「太一」兩星在戰國初期被重新觀測和記錄並命名是確有其事。

最後需要說明的是：《天官書》素來被當作權威之作，其成書的年代去古未遠，為何《天官書》關於「天一」和「太一」星的記錄與石氏不同？潘鼐先生的研究頗具說服力。原來司馬氏的祖先世序天地，執掌天文，但在西周宣王（公元前 827 年～前 782 年）時失掉了這項職務，一直到司馬談在漢武帝時當了太史令，學天官於唐都，才又重新開始了天文工作。司馬遷在元豐三年（公元前 108 年）繼任太史令，參與制定太初曆。唐都是漢武帝即位時從民間招募的方士，也是當時的星學權威。但是漢初各種星學體系分立並存，《天官書》中的恒星，大體是唐都氏綜合各家之說，刪繁扼要而論述的。司馬遷繼承和表述了唐都之學。〔註 68〕

在司馬遷生活的時代，天極又從帝星向紐星靠近，就好像上帝的居所並不固定，在四處巡遊，所以《天官書》只說「中宮天極星，太一常居也」。這大概是司馬氏既不承認甘氏所說的「天皇大帝」星，〔註 69〕也不承認石氏標注的「天一」星和「太一」星的原因吧。

〔註 66〕 潘鼐著：《中國恒星觀測史》，上海：學林出版社，2009 年 3 月第一版，第 91 頁。

〔註 67〕 陳美東著：《中國科學技術史‧天文學卷》，北京：科學出版社，2003 年 1 月第一版，第 148～151 頁。

〔註 68〕 潘鼐著：《中國恒星觀測史》，上海：學林出版社，2009 年 3 月第一版，第 102～103 頁。

〔註 69〕 〔唐〕瞿曇悉達撰：《開元占經》卷六十九，北京：九州出版社，2012 年 10 月第一版，第 679 頁。
《歷代天文律曆等志彙編》第一冊，北京：中華書局，1975 年 9 月第一版，第一七五頁：也有天皇大帝星的記載。

小結

5000 年前，先民觀測到北天極在天一星、太一星附近。這個觀念代代相傳，一直傳到了石申夫。由於歲差，在西周初年北天極移動到了帝星，明顯向西北傾斜，到戰國秦漢年間進一步傾斜，那個時代的人們理解不了這個現象，於是編造了「共工觸不周山，導致天傾西北，地陷東南」的傳說。如果在今天的星圖上以天一星爲中心，以大火星爲正東，我們就可以清楚地看到，帝星正是處於天一星的西北方位。反過來，如果以帝星爲天的中心，那麼天一、太一兩星便處於東南方位（詳見圖 3-8），也許這就是楚人將「太一」上帝冠以「東皇」的原因吧。

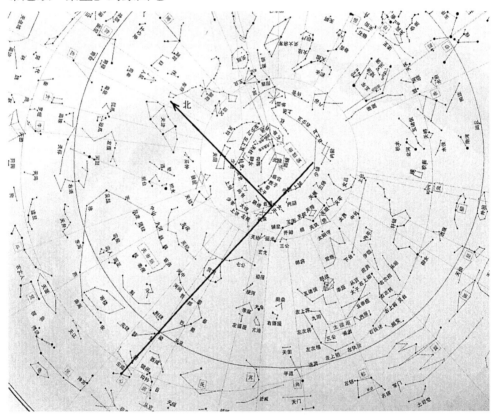

圖 3-8　「天傾西北」示意圖（筆者在《漫步中國星空》附圖 3 基礎上繪製）

另外，先民把天極當作上帝來崇拜，認爲萬物都從中衍生出來，天極被眾星環繞如同天之門戶。既然天極向西北傾斜，天門當然在西北。而地戶在東南的原因，其一是因爲天地相對，其二大概是由於式盤的地盤上二十八宿

起於角而終於軫，日月五星都要從這裡經過，如同穿過門戶一般，而角軫正好在地盤的東南方位。〔註70〕

　　戰國時期，道家的「大一」思想正在傳播，石申夫就用「天一」和「太一」分別命名了祖先傳下來的5000年前位於天極附近的這兩顆星，並形成了大量的星占記錄。因為它們早就被當作上帝居住的地方加以崇拜，所以「天一」和「太一」也被同時賦予了天帝之神的意味，並一直流傳到後世。最終，太一神在漢武帝時被皇家確立為至尊而受到隆重祭祀，而天一貴神只是保留在了星占術和數術中。石氏的原始材料雖然已經亡佚，但是在後世的文獻和星圖上還多有遺留。

　　傳世星圖從明代開始出現「天乙」「太乙」，而傳世文獻中成書於宋代及以後的數術類書籍寫作「天乙」「太乙」，很可能是宋代用「天乙」「太乙」命名天神以區別於「天一」「太一」星，但是從明代開始，這個區別就被混淆了。曾有學者認為「天一」神名來源於商王「大乙」湯的觀點是不對的。

　　通過對這些材料的梳理和挖掘，我們還可以看到古人對於命運的思考與關切。至尊的上帝曾經是世界和人類命運的主宰，但是戰國時期上帝被冠名以數字「一」，這既是天極轉移的結果，也是人們思辨能力提升的結果。隨著古代天文學的發展和進步，隨著人們對於大自然瞭解和掌控能力的提升，先民認為人的命運受制於鬼神的思想正在悄悄發生變化。「萬物起於數」「命運受制於天數」，一場新的思想革命正式拉開了帷幕。值得一提的是，清代《協紀辨方書》中「天一貴神」變成了「天乙貴人」〔註71〕，暗示天帝的地位進一步下降，人的力量進一步凸顯，相關問題筆者將另外撰文討論。

〔註70〕　在角宿一下方近處是「天門」二星，古人將其稱之為「三光之道」，其意正是日月五星經過之處。
　　　　　此說見陳久金著：《洩露天機——中西星空對話》，北京：群言出版社，2005年9月第一版，第134頁。
　　　　　又見陳久金著：《星象解碼——引領進入神秘的星座世界》，北京：群言出版社，2004年5月第一版，第111頁。又見齊銳、萬昊宜著：《中國星空》，北京：科學普及出版社，2014年4月第一版，第30頁。
〔註71〕　〔清〕允祿等撰，孫正治譯：《協紀辨方書》，北京：中醫古籍出版社，2012年12月第一版，第308頁。

第四章　大六壬「日在加時」占法源流考——兼論《龜策列傳》宋元王夢占之解析

《史記‧龜策列傳》記載了一例神奇的夢占：

> 宋元王二年，江使神龜使於河……夜半，龜來見夢於宋元王……元王惕然而悟。乃召博士衛平而問之……衛平乃援式而起，仰天而視月之光，觀斗所指，定日處鄉。規矩爲輔，副以權衡。四維已定，八卦相望。視其吉凶，介蟲先見。乃對元王曰：「今昔壬子，宿在牽牛。河水大會，鬼神相謀。漢正南北，江河固期，南風新至，江使先來。白雲壅漢，萬物盡留。斗柄指日，使者當囚。玄服而乘輜車，其名爲龜。王急使人問而求之。」王曰：「善。」〔註1〕

文中的占法該如何解釋呢？學者看法不一。

清代大儒錢大昕說：「此遁甲式也。日在牽牛，冬至之侯，蓋冬至後壬子日，庚子時。」〔註2〕清人張文虎認爲是六壬式，也認爲時間在冬至

〔註1〕〔漢〕司馬遷、褚少孫著：《史記‧龜策列傳》，北京：中華書局，2014 年 8 月第一版，第三九二三頁。

〔註2〕〔清〕錢大昕著：《十駕齋養新錄》卷十七，上海：上海書店出版社，1983 年 12 月第一版，第四一三～四一四頁。後文還說：「陽遁第一局，甲午爲旬首，在巽宮，杜門爲直使，時加子，子爲玄武。故云介蟲先見也。規矩權衡，謂坎離震兌四正之位。《漢書魏相傳》：『東方之神，執規司春；南方之神，執衡司夏；西方之神，執矩司秋；北方之神，執權司冬』，是其義也。加以四維，故云八卦相望也。」

之後。〔註3〕上世紀嚴敦傑先生也認爲是六壬式,「觀斗所指,定日處鄉」是定十二神將,這是六壬式子時丑將(冬至後)。〔註4〕觀點與張氏相近。

判斷爲六壬式是對的。但是三位先生都將式占的時間定爲冬至後子月,值得商榷。如果夢占發生在冬至時節,烏龜已經冬眠。就算神龜不冬眠,但是彼時黃河結冰深厚,萬物蕭條,漁民一般處於修養期,即使一定要打漁,也不大可能在又冷又黑的半夜時分去做這樣的事。然而占文中明確寫道「宿在牽牛」,看來此處大有文章。本文試圖作一番深究,有所新發現。我們就從大六壬的基本占法「日在加時」之月將說起吧。

第一節　十二月將及相關問題

何謂「日在加時」?日在即是日躔,指太陽的視運動在一個回歸年沿黃道逆時針繞行,經過二十四節氣時的位置(參看第二章圖 2-14)。「時」即時辰,指太陽每天東升西落,它經過某個地平方位所對應的時間。在大六壬占法中,日躔用天盤表示,時辰用地盤表示。在某個確定的時間,太陽在天盤上有一個確定的位置,在地盤上也有一個確定的位置,旋轉天盤,使這兩個位置相重疊,得到一個時空的組合便是「日在加時」。

六壬式占管日躔叫月將,將太陽的運行軌跡按照二十四節氣起止點不同分成十二位,分別叫做登明、天魁、從魁、傳送、小吉、勝光、太乙、天罡、太衝、功曹、大吉、神后。從西漢末東漢初一直到今天,月將的名字幾乎沒有改變過。

明末清初的六壬大家陳公獻《大六壬指南》中對月份、日躔星次、節氣劃分、月將名稱、所在地支這幾個要素的對應關係作了明確的說明,詳

〔註3〕〔日〕瀧川資言撰:《史記會注考證》卷一百二十八,北京:文學古籍刊行社出版,一九五五年七月第一版,第 5092 頁。張文虎說:「援式而起,謂地盤也。仰天而視月之光者,定時也。觀斗所指者,正月令也。定日處鄉者,正日躔也。規矩權衡四維八卦者,左規右矩,前衡後權,謂天盤所加十二辰之位也。義見《淮南‧天文訓》及《漢書‧律曆志》。介蟲先見者,謂初傳玄武發用也。今昔壬子者,日辰也。宿在牽牛者,日宿在丑也。河水大會者,仲冬水王,又日時干支皆水也。漢正南北者,夜半時箕斗在子,天漢正當南北也。南風新至者,冬至一陽生也。斗柄指日者,月建在壬位也。使者當囚也,白虎乘子加壬,又玄武乘功曹也。錢氏《十駕齋養新錄》以爲奇門之式,未然。」

〔註4〕嚴敦傑:《式盤綜述》,《考古學報》1985 年第 4 期。

見注釋。〔註5〕

　　在明代以來有據可查的六壬典籍中，如明代《六壬大全》、清代《御定六壬直指》等文獻都作如是記載，沒有爭議。我們將其整理成表格如表4-1所示。

表4-1　節氣、日躔、月將及地支對應表

月份	節氣起止	日躔星次	月將名稱	所在地支
正月	雨水—春分	娵訾	登明	亥
二月	春分—穀雨	降婁	天魁	戌
三月	穀雨—小滿	大梁	從魁	酉
四月	小滿—夏至	實沈	傳送	申
五月	夏至—大暑	鶉首	小吉	未
六月	大暑—處暑	鶉火	勝光	午
七月	處暑—秋分	鶉尾	太乙	巳
八月	秋分—霜降	壽星	天罡	辰
九月	霜降—小雪	大火	太衝	卯
十月	小雪—冬至	析木	功曹	寅
十一月	冬至—大寒	星紀	大吉	丑
十二月	大寒—雨水	玄枵	神后	子

　　北宋至和元年，即公元1054年在天關星（金牛座ζ星）附近發生了一次超新星爆發，司天監官員、天文學家楊惟德組織了觀測並作了詳細記錄，將之稱爲「天關客星」。〔註6〕這次爆發形成的殘核便是18世紀才被歐洲人發現

〔註5〕〔明〕陳公獻撰，鄭同點校：《大六壬指南》，北京：華齡出版社，2013年1月第一版第1頁。原文如下：

　　　　月將，即日宿太陽也。正月雨水後日躔娵訾之次入亥宮，乃登明將也；二月春分後日躔降婁之次入戌宮，乃河魁將也；三月穀雨後日躔大梁之次入酉宮，乃從魁將也；四月小滿後日躔實沈之次入申宮，乃傳送將也；五月夏至後日躔鶉首之次入未宮，乃小吉將也；六月大暑後日躔鶉火之次入午宮，乃勝光將也；七月處暑後日躔鶉尾之次入巳宮，乃太乙將也；八月秋分後日躔壽星之次入辰宮，乃天罡將也；九月霜降後日躔大火之次入卯宮，乃太衝將也；十月小雪後日躔析木之次入寅宮，乃功曹將也；十一月冬至後日躔星紀之次入丑宮，乃大吉將也；十二月大寒後日躔玄枵之次入子宮，乃神后將也。每以此值月之將而加來人所占之正時上順布十二宮辰，即天盤也。

〔註6〕白欣、王洛印：《楊惟德及其科學成就述評》，《自然科學史研究》，2013年第2期。

的蟹狀星雲。楊惟德在世界天文學史上留下了精彩的一筆。這位傑出的天文學家在景祐年間還撰寫了一部書叫《景祐六壬神定經》，對我們今天要研究的問題頗有啟發意義，有關內容詳見注釋〔註7〕。

〔註 7〕 李零主編，陳久金點校：《中國方術概觀》式法卷，北京：人民中國出版社，1993 年 6 月第一版，第 330～333 頁。原文如下：

釋月將第二十三

正月將徵明：《金匱經》曰：建寅之月，陽氣始達，微召萬物而明理之，故曰徵明。

二月將天魁：《金匱經》曰：建卯之月，萬物皆生，各求根本，以類合聚，故曰天魁。

三月將從魁：《金匱經》曰：建辰之月，萬物皆長，枝蕊花葉，從根本而出，故曰從魁。

四月將傳送：《金匱經》曰：建巳之月，萬物盛茂，陽氣所傳而通送之，故曰傳送。

五月將小吉：《金匱經》曰：建午之月，萬物小盛，陰氣始生，奉陽之功，故曰小吉。

六月將勝光：《金匱經》曰：建未之月，萬物壯大，逾本而生，故曰勝光。

七月將太乙：《金匱經》曰：建申之月，萬物畢秀，吐穗含實，孔穴自任，故曰太乙。

八月將天罡：《金匱經》曰：建酉之月，萬物強固，柯條已定，核實堅剛，故曰天罡。

九月將太衝：《金匱經》曰：建戌之月，萬物成熟，收穫聚之，枝條剝毀，故曰太衝。

十月將功曹：《金匱經》曰：建亥之月，萬物大聚，功事成就，計定於功，故曰功曹。

十一月將大吉：《金匱經》曰：建子之月，陽氣復始，君得其位，惠化日施，故曰大吉。

十二月將神后：《金匱經》曰：建丑之月，歲功畢定，酒醴蠟祭百神，故曰神后。

天之運轉，合宿之所至，以立神名。天之十二神，動移無窮。地之十二辰，以靜而待之。或有相生，或有相剋，吉凶之本，不可不知。上剋下憂他人，下剋上憂己身。上剋下憂婦人，下剋上憂男子。旺氣所勝，憂縣官。相氣所勝，憂財物。死氣所勝，憂死喪。囚氣所勝，憂囚繫。休氣所勝，憂疾病。餘皆仿引例。

釋躔度第二十四

太史楊惟德曰：臣等謹案：十二次取《三統曆》，配十二分野，其旨最詳。又有費直說《周易》、蔡邕《月令章句》，並後魏太史陳卓言入宿度，各有先後，今依《三統曆》入次度，與見行曆書同，所定並同。

自軫宿十二度，至氐四度，為天罡，於辰在辰。

自氐宿五度，至尾宿九度，為太衝，於辰在卯。

自尾宿十度，至斗宿十一度，為功曹，於辰在寅。

自斗宿十二度，至女宿七度，為大吉，於辰在丑。

自女宿八度，至危宿十五度，為神后，於辰在子。

在《釋月將第二十三》，楊氏講明了月將和月建的對應關係，並解釋了十二月將名字的含義。在《釋躔度第二十四》，楊氏講明了月將和日躔宿度及星次的對應關係，並強調星次以《三統曆》爲準。在《釋日度第二十五》，楊氏

自危宿十六度，至奎宿四度，爲徵明，於辰在亥。
自奎宿五度，至胃宿六度，爲河魁，於辰在戌。
自胃宿七度，至畢宿十一度，爲從魁，於辰在酉。
自畢宿十二度，至東井十五度，爲傳送，於辰在申。
自井宿十六度，至柳宿八度，爲小吉，於辰在未。
自柳宿九度，至張宿十六度，爲勝光，於辰在午。
自張宿十七度，至軫宿十一度，爲太乙，於辰在巳。

釋日度二十五

太史楊惟德曰：臣等謹案：曆法日周天三百六十五度四分度之一，太陽一日行一度，八十五歲則行不及一度。臣等今依大宋《崇天曆》，起自景甲戌歲，二十四氣、日宿次合、分躔度數，以定月將，故得用式無差，占事有準，禍福符應，時變以周，悔吝凶吉與神道而合契。

冬至，斗宿六度二十六分。
小寒，斗宿二十二度二十二分。
大寒，女宿六度七十七分。
立春，危宿初度九十七分。
雨水，危宿十六度五十三分。
驚蟄，室宿十四度二十分。
春分，奎宿二度五十分。
清明，婁宿初度四十分。
穀雨，胃宿二度四十分。
立夏，昴宿二度五十二分。
小滿，畢宿六度二十八分。
芒種，參宿三度八十九分。
夏至，井宿九度十三分。
小暑，井宿二十三度六十六分。
大暑，柳宿五度四十分。
立秋，星宿五度九十八分。
處暑，張宿十三度八十六分。
白露，翼宿十度十二分。
秋分，軫宿六度一分。
寒露，角宿二度五十四分。
霜降，亢宿四度九十八分。
立冬，氐宿十一度五分。
小雪，尾宿一度四十八分。
大雪，箕宿初度三十分。

假令十一月十五日冬至，在南斗六度。至二十一日，在南斗十二度。於辰在丑方，用大吉爲月將。若二十日以前用式占事，猶用功曹爲月將。餘皆仿此。

介紹了大宋《崇天曆》中二十四節氣日躔的實際宿度，並強調：由於歲差，《崇天曆》冬至點已經退到斗宿六度，但是依然以《三統曆》日躔次度確定月將。假令十一月十五日冬至，日躔斗宿六度，至二十一日，太陽前進到斗宿十二度才進入《三統曆》的丑次，月將才爲大吉丑。若二十日以前用式占事，太陽還在寅次，月將仍然爲功曹寅。餘仿此。

《三統曆》是西漢末期著名學者劉歆在《太初曆》的基礎上整理而成，於西漢綏和二年（公元前 7 年）開始實施，至東漢章帝元和二年（公元 85 年）爲四分曆取代，對後世曆法產生了很大影響。《三統曆》對二十四節氣對應的星空劃分有明確記載，詳見注釋〔註8〕。

楊惟德已經非常明確地說明至少在西漢末東漢初，大六壬十二月將是以立春、驚蟄、清明、立夏、芒種等十二節爲起止點的，具體說：

立春至驚蟄，斗柄建寅，日躔娵訾，正月將徵明亥；

驚蟄至清明，斗柄建卯，日躔降婁，二月將天魁戌；

清明至立夏，斗柄建辰，日躔大梁，三月將從魁酉；

〔註 8〕〔漢〕班固撰：《漢書·律曆志》，北京：中華書局，1962 年 6 月第一版，第一〇〇五頁。原文如下：

　　星紀，初斗十二度，大雪。中牽牛初，冬至。終於婺女七度。

　　玄枵，初婺女八度，小寒。中危初，大寒。終於危十五度。

　　諏訾，初危十六度，立春。中營室十四度，驚蟄（今日雨水），終於奎四度。

　　降婁，初奎五度，雨水（今日驚蟄）。中婁四度，春分。終於胃六度。

　　大梁，初胃七度，穀雨（今日清明）。中昴八度，清明（今日穀雨）終於畢十一度。

　　實沈、初畢十二度，立夏。中井初，小滿。終於井十五度。

　　鶉首，初井十六度，芒種。中井三十一度，夏至。終於柳八度。

　　鶉火，初柳九度，小暑。中張三度，大暑。終於張十七度。

　　鶉尾，初張十八度，立秋。中翼十五度，處暑。終於軫十一度。

　　壽星，初軫十二度，白露。中角十度，秋分。終於氐四度。

　　大火，初氐五度，寒露。中房五度，霜降。終於尾九度。

　　析木，初尾十度，立冬。中箕七度，小雪。終於斗十一度。

　　角十二。亢九。氐十五。房五。心五。尾十八。箕十一。東七十五度。

　　斗二十六。牛八。女十二。虛十。危十七。營室十六。壁九。北九十八度。

　　奎十六。婁十二。胃十四。昴十一。畢十六。觜二。參九。西八十度。

　　井三十三。鬼四。柳十五。星七。張十八。翼十八。軫十七。南百一十二度。

立夏至芒種，斗柄建巳，日躔實沈，四月將傳送申；

芒種至小暑，斗柄建午，日躔鶉首，五月將小吉未；

小暑至立秋，斗柄建未，日躔鶉火，六月將勝光午；

立秋至白露，斗柄建申，日躔鶉尾，七月將太乙巳；

白露至寒露，斗柄建酉，日躔壽星，八月將天罡辰；

寒露至立冬，斗柄建戌，日躔大火，九月將太衝卯；

立冬至大雪，斗柄建亥，日躔析木，十月將功曹寅；

大雪至小寒，斗柄建子，日躔星紀，十一月將大吉丑；

小寒至立春，斗柄建丑，日躔玄枵，十二月將神后子。

楊惟德提到的《金匱經》不知是何文獻，可能已經失傳。但是以楊氏天文學和數術學的職業背景，這個記載應屬眞實。所以我們可以得出這樣的結論：至少在三統曆流行的時代，大六壬十二月將是以立春、驚蟄、清明、立夏、芒種等十二節爲起止點的，與彼時日躔之星次的對應關係也正好吻合無間。

現今出土的一件東漢初年的六壬式盤，恰好可以印證這一結論。嚴敦傑先生《式盤綜述》詳細介紹了迄今爲止已經出土的式盤實物共 8 件，其中一件是東漢初縣漆木胎六壬式盤，藏於甘肅省博物館（見圖 4-1）〔註 9〕。其天盤和地盤的外圍環繞二十八宿，二十八宿的外圍都刻有小圓點，嚴先生認爲大約都是 182 個，一點代表 2 度，即相當於 365.25 度。天盤中心是北斗，斗杓指天罡次列十二神將（月將）。十二神將的名字以及對應的星宿名稱基本可辨，現在整理如表 4-2 所示。

對比前文提到過的楊惟德關於《三統曆》和《金匱經》中十二月將和斗建的記載，我們發現式盤上的月將位置正好位於《三統曆》十二次起止度數的中間，順序無誤，名稱略有差異，天罡、徵明、天魁、太乙在式盤上分別爲天岡、登明、魁、太一。這應該是流傳過程中的通假字、異體字或者避諱字，本質上並無不同（本文研究的重點不是這些字的演變，所以不多談）。顯然，出土實物的形制與傳世文獻的記載以及它們曾經流行的時代若合符契，可證楊惟德所言不虛。

事實上，在那個時代斗柄所建（月建）與日躔星次的這種對應關係便是傳統術數學地支六合原理之所在，如表 4-3 所示。傳統數術學規定：子丑、寅

〔註 9〕嚴敦傑：《式盤綜述》，《考古學報》1985 年第 4 期。

亥、卯戌、辰酉、巳申、午未六組地支相合，其原理在此一目了然。

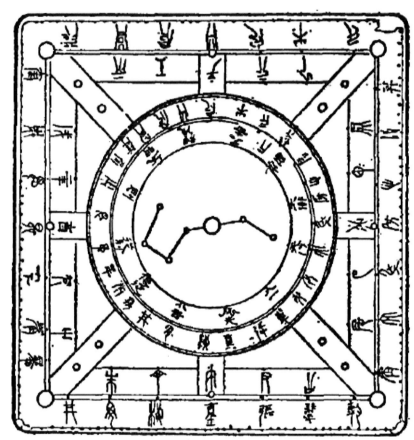

圖 4-1　東漢初六壬式盤

（採自《式盤綜述》，《考古學報》1985 年第 4 期）

表 4-2　月將與二十八宿對應表

神將名	天岡	太衝	功曹	大吉	神后	登明	魁	從魁	傳送	小吉	勝光	太一
對應星宿	亢	房	尾箕之間	斗牛之間	虛	室壁之間	婁	昴	觜參之間	鬼	星張之間	翼軫之間

　　今天的學者大概對六合的原理瞭解不夠，誤認爲大六壬的十二月將有兩種排法。李學勤先生認爲這是兩種次第顛倒的十二神排列。〔註 10〕李零先生

―――――――――――――――

〔註10〕李學勤著：《簡帛佚籍與學術史》，南昌：江西教育出版社，2001 年 9 月第一版，第 63～64 頁。

說：「……上述各例中的十二神都是以徵明（正月）主亥，同於《五行大義‧論諸神》引《玄女拭經》，但《景祐六壬神定經‧釋月將》引《金匱經》卻是徵明主寅。前者沿用秦正，而後者是漢武帝以後改的正朔，則爲後世六壬家所本。」〔註 11〕筆者認爲李學勤先生的說法比較含糊，而李零先生的解釋就錯得很遠了。

表 4-3　節氣、斗建、日躔、星次與月將對應表

節氣起止	斗柄所建	日躔地支	星次名稱	月將名稱
立春至驚蟄	寅	亥	娵訾	徵明
驚蟄至清明	卯	戌	降婁	天魁
清明至立夏	辰	酉	大梁	從魁
立夏至芒種	巳	申	實沈	傳送
芒種至小暑	午	未	鶉首	小吉
小暑至立秋	未	午	鶉火	勝光
立秋至白露	申	巳	鶉尾	太乙
白露至寒露	酉	辰	壽星	天罡
寒露至立冬	戌	卯	大火	太衝
立冬至大雪	亥	寅	析木	功曹
大雪至小寒	子	丑	星紀	大吉
小寒至立春	丑	子	玄枵	神后

　　兩位先生著述甚豐，後學獲益匪淺。但是對於他們在個別地方的不當見解，後學大膽指出，以防止錯誤繼續擴散（比如孔慶典博士也將十二月將理解爲兩種排法〔註 12〕）。

　　行文至此，我們依然還有疑問。一是比三統曆更早的年代，十二月將又是如何推演的？二是十二月將的起止點是在什麼時候從節氣變成了中氣？不搞清楚事情的來龍去脈，我們如何評價它有沒有道理呢？我們首先來考證第一個問題，第二個問題放到本章的末尾去談。

〔註 11〕 李零著：《中國方術正考》，北京：中華書局，2006 年 5 月第一版，第 92～95 頁。

〔註 12〕 孔慶典著：《10 世紀前中國紀曆文化源流》，上海：上海世紀出版集團，2011 年 6 月第一版，第 105～108 頁。

第二節　西漢「六壬」式盤「月將」之考查

題目中的「六壬」和「月將」之所以打上引號，是因為筆者認為西漢時期還沒有產生這兩個詞，然而其雛形卻已經出現。為了討論方便，我們姑且這樣稱呼。

出土的六壬式盤中最古老的一件其年代在西漢初年，現藏於安徽省博物館，如圖 4-2 所示。其形制與前面介紹的東漢初六壬式盤基本相同，但是天盤上沒有十二月將的名稱，只在相關星宿上逆時針列了「正」、「二」、「三」等十二個數字。嚴敦傑先生研究認為十二月將的名稱出現在西漢末或稍前。〔註13〕其說可從。不過，西漢時期雖然沒有形成十二月將的名稱，但並非沒有十二月將的演算規則。

式盤上數字與星宿的對應關係清晰可見，整理如表 4-4 所示。這十二個數字顯然是指月份，乍一看很像是朔望月。通過上一節的討論我們知道十二月將的演算是以二十四節氣為基礎的。但是，西漢式盤上的月份究竟是朔望月還是節氣月呢？這個問題涉及到西漢時期大六壬月將的運算規則，需要認真做一番考證。

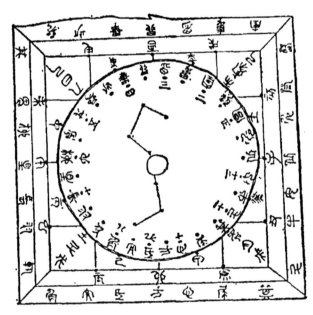

圖 4-2　西漢六壬式盤（採自《式盤綜述》，《考古學報》1985 年第 4 期）

〔註13〕 李零著：《中國方術正考》，北京：中華書局，2006 年 5 月第一版，第 92～95 頁。又見嚴敦傑：《式盤綜述》，《考古學報》1985 年第 4 期。

表4-4　月份數字與星宿對應表

數字	正	二	三	四	五	六	七	八	九	十	十一	十二
對應星宿	營室（營室）	奎	胃	畢	井	柳	長（張）	角	氐	心	斗	女

筆者在傳世和出土文獻中尋找，發現支持朔望月的證據似乎更多。

宋代壬占大家邵彥和著《大六壬斷案》記有一則案例，收入清人程樹勳輯錄的《壬占匯選》中：

> 庚辰年浙江大旱，八月癸丑日辰將辰時占雨澤。

> ……邵彥和曰：……太陰，月宿，十五日在戌，十六、十七日在酉，乃是月宿離於畢，畢在酉宮也。十七日朱雀加卯，火敗於卯，而得月離于畢，故主大雨。雨常附陰而降，以酉爲太陰之門，純陰之位。凡占雨，但用月宿到今日，看臨在酉，則是月離于畢也。……〔註14〕

這裡有一句話「太陰，月宿，十五日在戌，十六、十七日在酉，乃是月宿離於畢，畢在酉宮也」，這是怎麼一個占法呢？ 在程樹勳輯錄的《大六壬心鏡卷三・二煩課》（唐代徐道符著，以下簡稱《心鏡》）中可以找到答案，詳見注釋〔註15〕，其中非常清楚的告訴我們如何計算月宿，即是「正月室，二月奎，三月胃，四月畢，五月參，六月鬼，七月張，八月角，九月氐，十

〔註14〕　〔清〕程樹勳輯，肖代宗點校：《壬占匯選》，北京：華齡出版社，2013 年 1 月第一版，第 266～267 頁。

〔註15〕　原文如下，括弧內爲程樹勳注文：

　　日月宿行臨四仲，（日宿加仲爲天煩，月宿加仲爲地煩。日宿者，月將是也。月宿者，太陰度四正是也。正月室，二月奎，三月胃，四月畢，五月參，六月鬼，七月張，八月角，九月氐，十月心，十一月斗，十二月虛。每月初一日移宿起，加值奎井張翼，氐宿，皆留一日，數盡即知月宿所在也。如正月十五日之月宿，先從室數起，便知是星宿。星宿在午宮，午若加仲發用，便是地煩卦也。起月宿歌曰：「正月起室二矽遊，三胃四畢五參頭。六魁七張八角數，九氐十心數順求。子牛丑虛加月宿，奎井張翼氐重留。室壁奎奎婁昴胃昴，畢觜參井井鬼柳。星張張翼翼軫角，亢氐氐房心尾箕，斗牛女虛危。」數法周而復始也），此卦名爲天地煩。更被斗畢加丑未，復以兼稱名杜傳。男抵日兮女抵月，舉事災殃爲汝言。禍散復生歡復怒，仇人和了又成冤。弦望晦朔天煩合，男犯刑傷被吏纏（弦望晦朔爲四正日，男行年抵日宿，主被吏執也）。子午卯酉地煩會，女主血光有迍遭（子午卯酉四仲日，女行年抵月宿，主有血光之災。二煩卦主盜賊，不利出行）。

月心，十一月斗，十二月虛」，比對西漢式盤上月份所對應的星宿（表4-4），吻合度極高，不大相同的是五月、六月、十二月，但是仔細分析，井宿與參宿、柳宿與鬼宿、女宿與虛宿彼此相鄰，可能是觀測年代不同導致的，因此本文認為兩者基本相同。

這裡還有一句關鍵的話：「每月初一日移宿起」，表明「正月室，二月奎，三月胃……」是指朔日所在之宿。後面又說「加值奎井張翼，氐宿，皆留一日」，意思是說遇到奎、井、張、翼，氐宿，則重複一日。

再看更早期的大六壬經典《黃帝龍首經·占月宿何星法》（以下簡稱《龍首經》），明確規定每月朔日所在之宿，正月室，二月奎，三月胃，四月畢，五月井，六月柳，七月張，八月角，九月氐，十月心，十一月斗，十二月女，與西漢六壬式盤上的標記完全相同，詳見注釋〔註16〕。此處還規定閏月的朔日為宿後一宿，比如正月朔在營室，那麼閏正月朔在營室後一宿壁。但沒有「加值奎井張翼，氐宿，皆留一日」的說法。

近年出土的戰國、秦漢間的簡帛上也有很多類似的記載，比如睡虎地秦簡甲種《除篇》、乙種《官篇》、隨州孔家坡漢簡《星官篇》、九店楚簡《日書》等等（以下依次簡稱為《睡甲除》《睡甲星》《睡乙官》《孔簡星官》《九店日書》）。學者們認為這是一種二十八宿紀日法，劉樂賢先生對此做了概括總結，並認為「大概古代的日躔記錄廣為人知，日者在選定哪些星宿作為各月的朔宿時，很可能沿用了這些日躔紀錄。」〔註17〕孔慶典認為「二十八宿紀日由

〔註16〕 李零主編，陳久金點校：《中國方術概觀》式法卷，北京：人民中國出版社，1993年6月第一版，第4頁。案：李零先生考證此經為隋代以前的作品。原文如下：

　　常以月將加卯為地上乙所得星右行，如今日數止，即月宿星也。正月一日宿在室，二日在壁，三日在奎，四日在婁，以次逆行，空月盡日，月宿在壁，二月一日月宿在奎，至月盡日，月宿在婁，三月一日宿在胃，四月一日在畢，五月一日在井，六月一日在柳，七月一日在張，八月一日在角，九月一日在氐，十月一日在心，十一月一日在斗，十二月一日在女，若閏月朔，宿後一宿，是也。假令正月，閏壁，是也。

　　假令二月五日，以魁臨卯，乙上見奎星，當唱言奎一，婁二，胃三，昴四，畢五，則為月宿星日在畢也。十二月皆持月將臨卯，取乙上神所得星右行數。唯正月獨卯上星數右行，不從乙也。假令正月三日登明臨卯，卯上見營室數右行，營室一，東壁二，奎三，為月宿星得奎也。他準此。

〔註17〕 劉樂賢著：《簡帛數術文獻探論》，武漢：湖北教育出版社，2003年2月第一版，第七十～八十四頁。

實際天文曆法而來，但歲差的作用會導致實際日躔漸漸偏離各月直宿。這大概就是二十八宿紀日最終成爲選擇術的原因之一。」〔註18〕針對兩位的意見，筆者有不同看法，我們在第三節、第五節詳細討論。

值得一提的是，《九店日書》明確有「朔於」二字，原文殘缺，經劉樂賢將楚月名轉換成秦月名並將缺文補釋完全，整理爲：正月朔於營室，二月奎，三月胃，四月畢，五月東井，六月柳，七月張，八月角，九月氐，十月心，十一月斗，十二月須女。〔註19〕

另外，戰國秦漢簡帛上的曆注中「建除」的標注方法，鄧文寬、金良年、殷光明、張培瑜等學者多有研究，劉樂賢對此做了概括〔註20〕，孔慶典又有補充〔註21〕，認爲就目前的出土材料看，直到東漢四分曆頒行時期的永元六年（公元94年）才以節氣月標注建除十二值日，例如立春經雨水至驚蟄，斗柄建寅，從立春開始的第一個寅日標注「建」，驚蟄經春分至清明，斗柄建卯，從第一個卯日開始標注「建」，餘仿此。在此之前的太初曆頒行期間的曆譜中則是以朔望月爲標準置建，比如正月斗柄建寅，從朔日開始的第一個寅日標注爲「建」，二月建卯，從朔日開始的第一個卯日標注爲「建」，餘仿此。再往前，秦及漢初的曆譜中未見置建，且大多不標注節氣。這似乎說明節氣月被選擇術吸收從而取代朔望月是在東漢四分曆之後。筆者認眞學習研究了幾位學者的著作，認爲結論可信。近年孫占宇博士研究放馬攤秦簡《日書》（以下簡稱《放簡日書》），發現有月份與日躔星度相配的實物，遂認爲戰國晚期的曆注是以節氣月（原文中使用的「星命月」）爲標準的。〔註22〕筆者仔細閱讀了孫博士的相關討論，認爲他沒有準確理解這兩種置建法的眞正含義，不能因爲戰國晚期存在節氣月的證據就認爲建除的標注是以節氣月爲標準的。現將以上文獻中月份及星宿對應的情況詳列如表4-5所示。

這些材料說明，從戰國晚期、秦漢，到唐宋再到清代，大六壬數術中的

〔註18〕孔慶典著：《10世紀前中國紀曆文化源流》，上海：上海人民出版社，2011年6月第一版，第126頁。

〔註19〕劉樂賢著：《簡帛數術文獻探論》，武漢：湖北教育出版社，2003年2月第一版，第七十八頁。

〔註20〕同上，第三三一～三三六頁。

〔註21〕孔慶典著：《10世紀前中國紀曆文化源流》，上海：上海人民出版社，2011年6月第一版，第281～292頁。

〔註22〕孫占宇：《放馬灘秦簡日書整理與研究》，西北師範大學博士學位論文2008年，第145～149頁。

確存在一種月宿紀日法及其占法。以上羅列的這些證據似乎都在指認一件事實，那便是：西漢初六壬式盤上「正、二、三、……十二」這十二個數字指的是朔望月，每個數字對應的宿名爲當月朔日所在之星宿。

不過，支持節氣月的證據也有，最具分量的有四條。

一是學界普遍的觀點認爲二十四節氣在戰國時期已經形成，這從側面說明，以當時的天文觀測技術，比較精確的確定日躔並非困難的事。事實上，古人通過觀察昏旦中星或者觀察偕日升和偕日落的星辰來推算日躔的歷史相當悠久，我們在第二章討論過，至少7500年前的先民就已經懂得冬至前後日躔奎宿。

在《禮記·月令》有每月日躔及昏旦中星的完整記載，詳見注釋〔註23〕。這裡孟春、仲春、季春等等顯然是指節氣月，每月日躔與西漢初六壬式盤所記基本相同。不同之處在於《月令》孟秋之月日在翼，季秋之月日在房，孟冬之月日在尾，而式盤上相應的月份分別標注在在張宿、氐宿、心宿之上。我們知道歲差使冬至點逐年西退，則顯然《月令》所記日躔的年代比西漢式盤要早，其觀測年代最遲在戰國晚期是可以肯定的。

表4-5 傳世文獻與出土文獻之月份與星宿對應表

文獻／月份	正月	二月	三月	四月	五月	六月	七月	八月	九月	十月	十一月	十二月
心鏡	室	奎	胃	畢	參	鬼	張	角	氐	心	斗	虛
龍首經	室	奎	胃	畢	井	柳	張	角	氐	心	斗	女
西漢式盤	營	奎	胃	畢	井	柳	長(張)	角	氐	心	斗	女

〔註23〕 〔清〕孫希旦撰：《禮記集解》，北京：中華書局，1989年2月第一版，第三九九～五〇五頁。原文如下：

孟春之月，日在營室，昏參中，旦尾中……
仲春之月，日在奎，昏弧中，旦建星中……
季春之月，日在胃，昏七星中，旦牽牛中……
孟夏之月，日在畢，昏翼中，旦婺女中……
仲夏之月，日在東井，昏亢中，旦危中……
季夏之月，日在柳，昏火中，旦奎中……
孟秋之月，日在翼，昏建星中，旦畢中……
仲秋之月，日在角，昏牽牛中，旦觜觿中……
季秋之月，日在房，昏虛中，旦柳中……
孟冬之月，日在尾，昏危中，旦七星中……
仲冬之月，日在斗，昏東壁中，旦軫中……
季冬之月，日在婺女，昏婁中，旦氐中……

九店日書	營室	奎	胃	畢	東井	柳	張	角	氐	心	斗	須女
睡甲除	營	奎	胃	畢	東	柳	張	角	氐	心	斗	須
睡乙官	營室東壁	奎婁	胃昴	畢觜嶲參	東井輿鬼	柳七星	張翼軫	角亢	氐房	心尾箕	斗牽牛	婺女虛危
孔簡星官	營室東壁	奎婁	胃昴	畢觜嶲參	東井輿鬼	柳七星	張翼軫	角亢	氐房	心尾箕	斗牽牛	婺女虛危
放簡日書	營室東壁	奎婁	胃昴	畢觜嶲參	東井輿鬼	柳七星	張翼軫	角亢	氐房	心尾箕	斗牛	婺女虛危〔註24〕

　　《呂氏春秋·十二紀》與《月令》的上述內容幾乎相同，略有差異之處在於：

　　《十二紀》「季夏之月，日在柳，昏心中，旦奎中；孟秋之月，日在翼，昏斗中，旦畢中」。〔註25〕心宿二即大火星，因此可以認爲兩者關於季夏所記相同。關於孟秋之月，我們知道建星居於斗牛之間，《十二紀》用「斗」取代「建星」，大概是其觀測年代比《月令》略晚吧。

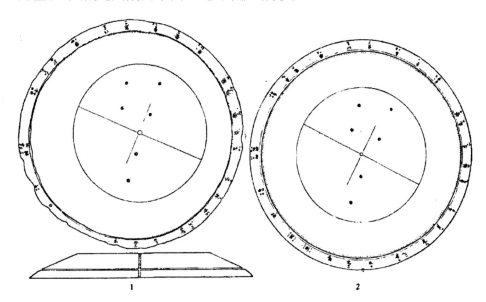

圖 4-3　（採自《西漢汝陰侯墓出土的占盤和天文儀器》，《考古》1978 年第 5 期）

　　第二條理由是，與西漢六壬式盤同時出土的還有一個觀測天象的儀器，

〔註24〕孫占宇的博士論文將「危宿」放在正月，可能有誤，本文將其改正到十二月。另據程少軒博士論文《放馬灘簡式占古佚書研究》（復旦大學 2011 年）也將「危宿」放在十二月。

〔註25〕許維遹撰：《呂氏春秋集釋》，北京：中華書局，2009 年 9 月第一版。

上有二十八宿距度（見圖 4-3）。〔註 26〕我們知道中國古人以太陽沿黃道（此處稱「赤道」也許更準確）運行一周爲 365 1／4 度，每天行 1 度。這個儀器以實物形式向我們展示當時的天文測量已經達到了以日躔來確定二十八宿度數的水平。把這兩件同墓出土的對象放在一起比較，我們當然會首先考慮式盤上的數字是指節氣月。

事實上，我們在放馬灘秦簡中找到了月份與日躔星度相配的實物記載。根據孫占宇整理的材料，我們將有關內容轉載如下（文中省略號爲原簡殘缺）：

角十二，亢十二：	八月；
氐十一，房十：	九月；
心十一、十二，尾九，箕十：	十月；
斗二十二，牛……：	十一月；
婺女……，虛十四：	十二月；
危……，營室……，東壁……：	正月；
奎十五，婁十三：	二月；
胃十四、十三，昴十五：	三月；
畢十五，觜嶲六，參九：	四月；
東井……，輿鬼……：	五月；
柳……，七星十三：	六月；
張十三，翼十三，軫十五：	七月。〔註 27〕

這個材料充分證明在那個時代可以用朔望月的月序來表示節氣月。

第三條理由是，如果西漢六壬式盤上標注的月份是朔望月，怎麼保證曆年曆月的朔日能夠固定在某宿上呢？我們可以以正月爲例來做一個簡單的推算（因過程繁瑣，就將其放在本研究的附錄部分，方便查閱參考。詳見附錄 1《秦漢年間歲首日月合朔入宿度之估算》）。結果表明，某月的朔日並不能固定在某宿，前後跨越了 30 度。其實古人早已論述過這個道理。《後漢書·律曆志》引《月令章句》：「孟春以立春爲節，驚蟄爲中。中必在其月，節不必

〔註 26〕殷滌非：《西漢汝陰侯墓出土的占盤和天文儀器》，《考古》，1978 年第 5 期。
〔註 27〕孫占宇：《放馬灘秦簡日書整理與研究》，西北師範大學博士學位論文 2008 年，第 61 頁。

在其月。據孟春之驚蟄在十六日以後，立春在正月；驚蟄在十五日以前，立春在往年十二月。」〔註 28〕孫希旦撰《禮記集解》：「然朔日有定，而節氣先後不同，則合朔所在不可定指為何宮何宿。以正月言之，如立春在朔日以前，日月固會於亥宮矣。如在二日以後，則合朔仍在前宮玄枵之次，固《記》（指《禮記》，筆者注）不言辰但言日也。」〔註 29〕

以上三條理由可以證明西漢式盤上的月份是指節氣月而非朔望月，這是以節氣月為基礎的「日在加時」占法。彼時雖然沒有形成十二月將的名稱，但是其內核已經具備了。

不過，前文羅列的那些從戰國至清代的「月宿占法」的材料是怎麼來的呢？我們顯然不能排除西漢式盤具有「月宿占法」的輔助功能。或者，一物兩用，不分主次的兩用也並非沒有可能。探索「月宿占法」的來歷，這是一個追根究底而又饒有興味的問題，我們將在本章的第四節、第五節去討論。

現在我們到戰國秦漢年間的簡牘文獻中做一番搜尋，看看有沒有「日在加時」占法更早期的線索。

第三節　簡牘中的「日在加時」占法

梳理近年來出土的簡牘文獻，筆者在周家臺秦簡中發現「日在加時」占法的早期材料：

日書

八月　　角，亢。

九月　　氐，房。

十月　　心，尾，箕。

十一月　斗，牽牛。

十二月　婺女，虛，危。

正月　　營室，壁。

二月　　奎，婁。

三月　　胃，昴。

〔註 28〕〔南朝〕范曄著：《後漢書・律曆志》，北京：中華書局，1965 年 5 月第一版，第三〇七四頁。

〔註 29〕〔清〕孫希旦撰：《禮記集解》，北京：中華書局，1989 年 2 月第一版，第四〇一～四〇二頁。

四月　　畢，觜嶲，參。

五月　　東井，輿鬼。

六月　　柳，七星。

七月　　張，翼，軫。

線圖（一）

（如圖 4-4，釋文略）

占文（本題目爲筆者所擬）

角：斗乘角，門有客，所言者急事也。獄訟，不吉；約結，成；
逐盜、追亡人，得；占病者，已；占行者，未發；占來者，未至；
占市旅者，不吉；占物，黃、白；戰鬥，不合。

亢：斗乘亢，門有客，所言者行事也，請謁事也，不成。占獄
訟，不吉；約結，不成；占逐盜、追亡人，得之；占病者，篤；占
行者，不發；占來者，不至；占市旅，不吉；占物，青、赤；占戰
鬥，不合，不得。

氐：斗乘氐，門有客，所言者憂病事也。占獄訟，不解；約結，
相抵亂也；占逐盜、追亡人，得之；占病者，篤；占行者，不發；
占來者，亟至；占市旅，不吉；占物，青、黃；占戰鬥，不吉。

……（以下略去二十五宿占文，筆者注）

求斗術曰：以廷子爲平旦而左行，數東方平旦而雜之，得其時
宿，即斗所乘也。

此正月平旦擊申者，此直引也。今此十二月子日皆爲平，宿右
行。擊行。〔註30〕

占文部分按照二十八宿（從東方角宿開始，沿著北、西一直到南方軫宿）
的順序以「斗乘某」開頭逐一分列所占事項的吉凶。

「斗乘某」的含義即是天盤上北斗的斗柄指向地盤上二十八宿的某一宿。
事實上。「某乘某」是後期的六壬占法中非常通用的術語，意思便是天盤的某神
將（或某干、支）與地盤的某神將（或某干、支）相重疊。「某乘某」有時也表
達爲「某加某」或「某臨某」。「斗乘某」也叫「斗擊某」，古文獻中多見。

〔註30〕湖北省荊州市周梁玉橋遺址博物館：《關沮秦漢墓簡牘》，北京：中華書局，
　　　　2001 年 8 月第一版，第一○四～一一七頁。

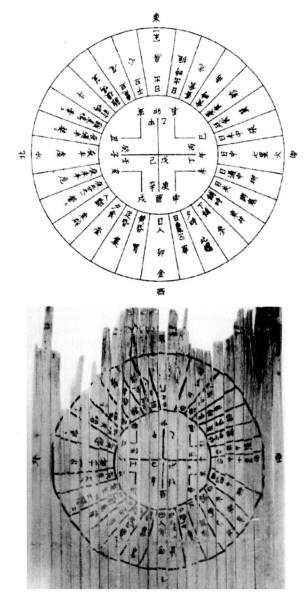

圖 4-4 　（採自《關沮秦漢墓簡牘》，中華書局 2001 年）

再看日書部分，這裡規定了每月日躔星宿，與西漢式盤上的標注完全相同。

現在我們來重點研究一下求斗術：「此正月平旦擊申者，此直引也。」這句話的意思是說：正月的平旦斗杓指向申，就是從這裡推算出來的。

到底是怎麼推算出來的？把這句話的原理搞清楚是破譯求斗術的關鍵。

我們先來看看申與哪些星宿相對應。查看線圖的內圈標有十二地支，與外圈

二十八宿似有一種對應關係，但是查遍整個簡冊沒有發現這種對應關係的說明。這種情況要麼表示在那個時代這種對應關係已經是一種常識，無需說明，要麼表明還沒有形成對應關係。但是簡文將「此正月平旦擊申者，此直引也」這句話與二十八宿的占文以及線圖放在一起，若說兩者沒有對應關係是不合情理的。

在本章第一節討論過月與月將的對應關係，具體的說：正月將徵明亥、二月將天魁戌、三月將從魁酉、四月將傳送申、五月將小吉未、六月將勝光午、七月將太乙巳、八月將天罡辰、九月將太衝卯、十月將功曹寅、十一月將大吉丑、十二月將神后子。如果將月將的地支加入日書中對應的月份，如下：

八月辰將　　角，亢。

九月卯將　　氐，房。

十月寅將　　心，尾，箕。

十一月丑將　斗，牽牛。

十二月子將　婺女，虛，危。

正月亥將　　營室，壁。

二月戌將　　奎，婁。

三月酉將　　胃，昴。

四月申將　　畢，觜嶲，參。

五月未將　　東井，輿鬼。

六月午將　　柳，七星。

七月巳將　　張，翼，軫。

那麼這種對應關係就一目了然了。顯然，地支申對應畢、觜嶲、參三宿。

天盤上，斗杓是指向角宿的，《天官書》說「杓攜龍角」正是此意，在漢代及以後的式盤上可以看得很清楚。

求斗術又說：「今此十二月子日皆爲平」，筆者認爲這裡少了一個逗號，應該是「今此十二月子，日皆爲平」，意思是說：現在十二月日躔子將，要知道本月斗杓平旦所指，就以子將爲平旦來換算。

現在就來驗證一下正月的平旦斗杓是不是指向申。在線圖上平旦對應心宿。我們知道正月日躔亥將，包括營室、壁兩宿。我們選取日在營室來演算。天盤左旋表示每日太陽東升西落，太陽從營室經過八個星宿走到心宿就表示天快要亮了（平旦），那麼代表斗杓的角宿往前走八個星宿便到了參宿，正是申將的範圍。如果日在壁宿則經過九個星宿走到心宿（平旦），則斗杓指觜嶲，也屬於申將。

　　現在我們就知道了，只要給出一個確定的時間，就可以換算成日躔和時辰，通過「日在加時」的算法得出斗杓的指向，再對應占文，就知道所問事情的吉凶了。

　　比較線圖、西漢式盤和東漢及以後的式盤和占法，我們發現，天盤上畫出北斗是在西漢以後，早期的線圖雖然不畫出北斗，但是運式的規則及吉凶判斷中包含有北斗的因素，而且是重要因素。其次，早期的「日在加時」占法是單純的，直接以斗杓指向某宿來判斷吉凶，後期的占法則要加入日、辰、時和天將、月將等等組合的關係，越來越複雜。這個問題我們在後面的章節細說。再次，天盤、地盤都是用二十八宿來做標記的，但是功用不同，天盤上的星宿標注日躔，地盤則表示時辰。周家臺秦簡的線圖上天盤部分雖然沒有標注二十八宿，但是它標注了十二地支，暗含二十八宿在其中。

　　除了周家臺秦簡，我們仔細檢索近年出土的戰國秦漢間簡牘文獻，還發現一些疑似「日在加時」占法的材料，比如《睡虎地秦簡甲種・星篇》《睡虎地秦簡乙種・官篇》《孔家坡漢簡・星官》（以下簡稱《星篇》《官篇》《星官》），這三篇文獻均以二十八宿爲順序，依次羅列祭祀、蓋房、出行、娶妻、嫁女、生子、出入貨等事項的吉凶，三者內容基本相同，略有差異。田雪梅碩士作了對比圖表〔註31〕，因圖表過長，我們截取部分供參閱如表4-6所示。全圖放在本文末尾附錄2，以方便查閱。

　　這三篇文獻到底是月宿占法還是日在加時占法頗不容易分辨。

　　我們在第二節談到過月宿占法，即是以某月某日所在何宿來判斷行事宜忌。學界把月宿稱之爲「二十八宿紀日法」。〔註32〕睡虎地日書中存在二十八宿紀日法，學者們有許多討論，劉樂賢先生做了概括，孔慶典作了補充。〔註33〕比如日書《娶妻出女篇》，成家徹郎已指出以下兩簡中的占文只能用紀日法來解釋：〔註34〕

〔註31〕　田雪梅：《睡虎地秦簡〈日書〉、孔家坡漢簡〈日書〉比較研究》，西南大學碩士學位論文2015年。

〔註32〕　劉樂賢著：《簡帛文獻數術探論・睡虎地秦簡〈日書〉二十八宿紀日法補正》，武漢：湖北教育出版社，2003年2月第一版，第70〜84頁。

〔註33〕　孔慶典：《10世紀前中國紀曆文化源流》，上海：上海人民出版社，2011年6月第一版，第124〜125頁。

〔註34〕　〔日〕成家徹郎撰，王維坤譯：《睡虎地秦簡〈日書・玄戈〉》，《文博》，1991年第3期。
　　　　劉樂賢著：《簡帛文獻數術探論・睡虎地秦簡〈日書〉二十八宿紀日法補正》，武漢：湖北教育出版社，2003年2月第一版，第72頁。

庚辰、辛巳，散毛之士以娶妻，不死，棄。

直參以出女，室必盡。

直營室以出女，父母必從居。

直牽牛、須女出女，父母有咎。

中（仲）春軫、角，中（仲）夏參、東井，中（仲）秋奎、東壁，中（仲）冬竹（箕）、斗，以娶妻，棄。

凡娶妻出女之日，冬三月奎、婁，吉。以奎，夫愛妻；以婁，妻愛夫。

凡參、翼、軫以出女，丁巳以出女，皆棄之。〔註35〕

表4-6　《星篇》、《官篇》、《星官》二十八宿占文（局部）

睡甲《星》	睡乙《官》	孔簡〔星官〕
角，利祠及行，吉。不可蓋屋。取（娶）妻＝（妻，妻）妬。生子，為【吏】。68 正壹	八月： 角，利祠及【行】，吉。不可蓋室。取（娶）妻＝（妻，妻）妬。生子＝（子，子）為吏。96 壹	【八月角】，□□蓋屋。取（娶）妻，妻妬。司□。以生□□四九
亢，祠、為門、行，吉。可入貨。生子，必有爵。69 正壹	亢，祠、為門、行，吉。可入貨。生字，必有爵。97 壹	亢，□□室、為門、取（娶）妻、嫁女、入貨、生子，皆吉。五〇
牴（氐），祠及行、出入貨，吉。取（娶）妻＝（妻，妻）貧。生子，巧。70 正壹	九月： 氐，祠及行、出入【貨】，吉。取（娶）妻＝（妻，妻）貧。生子，巧。98 壹	九月氐，□□□□。可以出貨、畜生（牲）。不可以取（娶）妻、嫁女。司□□□五一
房，取（娶）婦、家（嫁）女、出入貨及祠，吉。可為室屋。生子，富。71 正壹	方（房），取（娶）婦、家（嫁）女、出入貨，吉。可以為室。生子，寡。祠，吉。99 壹	房，利取（娶）□□祠，吉。可為室屋。以生子，富。五二
心，不可祠及行，凶。可以行水。取（娶）妻＝（妻，妻）悍。生子，人愛之。72 正壹	十月： 心，不可祠及行，兇（凶）。可以水。取（娶）妻＝（妻，妻）悍。生子，人愛之。100 壹	【十月】心，不可祠祀，行，凶。利以行□□。以生子，人愛之。而可殺犧，可以齋史。五三

〔註35〕劉樂賢著：《睡虎地秦簡日書研究》，臺北：文津出版社，1994 年初版，第 204～205 頁。

另外，睡虎地日書《直心篇》《天閽篇》〔註36〕的確是二十八宿紀日法的證據。但是筆者仔細分析了《娶妻出女篇》《星篇》《官篇》之後認為，《娶妻出女篇》是月宿占法毫無疑問，但是以此來判斷《星篇》和《官篇》也是月宿占法卻是缺乏說服力的。理由如下：

第一，《娶妻出女篇》說：「仲秋奎，以娶妻，棄」。又說：「凡娶妻出女之日，多三月奎、婁，吉。以奎，夫愛妻；以婁，妻愛夫。」

很明顯，同樣是奎宿當值之日，由於月份不同，娶妻的吉凶是不同的。

我們再看《星篇》《官篇》和《星官》奎宿的占詞。《星篇・奎》：「以娶妻，女子愛而口臭。」《官篇・奎》：「以娶妻，女子愛。」《星官・奎》：「以娶妻，妻愛而口臭。」顯然吉利。

第二，《娶妻出女篇》說：仲春軫、角，仲夏參、東井，仲秋東壁，仲冬箕、斗，以娶妻，棄。

再逐一查閱《星篇》《官篇》和《星官》中關於軫、角、參、東井、東壁、箕、斗各宿娶妻的吉凶，就會發現吉凶各異，並非都是「棄之」。

第三，《娶妻出女篇》又說：「凡參、翼、軫以出女，丁巳以出女，皆棄之」。

其中「參」的占文在《星篇》《官篇》中都是「百事吉」，《星官》中是「百事凶」。考慮到從總體上看三篇占文基本相同，筆者認為《星官》中是「參」的占詞「百事凶」，很可能是傳抄過程中的誤抄，應該是「百事吉」。（在出土文獻中，整理者將內容相似的部分進行比勘校對是很常見的事。）

「翼」在《星篇》《官篇》中都是「必棄」，在《星官》中是「妻棄」，意思相同。

「軫」在《星篇》《官篇》中都是「吉」，在《星官》中沒有娶妻一項，可能是傳抄過程中遺漏了吧。

另外，我們注意到在睡虎地秦簡日書中還有《朔望篇》：「正月、七月朔日，以出女、娶婦女，夫妻必有死者。以築室，實不居。」劉樂賢注疏：「朔日，利入室，毋哭，不可以出女、娶婦、築室。」〔註37〕（劉先生將正月、七月去掉

〔註36〕劉樂賢著：《簡帛數術文獻探論》，武漢：湖北教育出版社，2003年2月第一版，第七三～七六頁。

〔註37〕劉樂賢著：《睡虎地秦簡日書研究》，臺北：文津出版社，1994年初版，第337頁。

了，變成了所有月的朔日不可以出女、娶婦。這個解釋筆者不能同意。）

我們知道，按照月宿占法，正月朔在營室，七月朔在張。將《朔望篇》與《娶妻出女篇》比較，發現二者並無矛盾之處，可以互補。可知兩者的確都是月宿占法。

若與《星篇》《官篇》《星官》比較，正月朔「營室」後面的占詞均作「娶妻，不寧。」與《朔望篇》勉強可合。但是七月朔「張」，《星篇》《官篇》作「百事吉。娶妻，吉。」《星官》此處缺字，陳炫瑋說：「此處睡虎地秦簡《日書》甲、乙本皆作『百事吉，娶妻，吉。』」〔註38〕與《朔望篇》明顯不同。

這些材料說明《娶妻出女篇》和《星篇》《官篇》《星官》是不同的占法。

如果用前面周家臺秦簡線圖的「日在加時」占法來解釋《星篇》《官篇》《星官》，則完全可行。

第四節　春秋以前曆法演變概況及相關問題討論

上一節我們已經論證曆年某月的朔日月球的位置不會固定在某宿，但是出土的戰國及秦漢年間的簡牘和傳世的六壬文獻中記載的月宿占法卻表現出相反的情況。這是為何？如果我們要追問月宿占法的來源，本文認為，它只能產生在觀測精度不高的年代，用「大概是」「差不多」來形容當時的天文觀測是比較客觀的。後來，雖然觀測精度提高了，產生了更新的占法，然而那些古老的形式並沒有徹底消失，一直流傳到後世。

所以，要追蹤月宿占法的由來，我們有必要首先梳理一下我國上古至東周時期的天文曆法演變的情況。

先民通過立表測影和觀察星象，知道了一個回歸年（太陽年）大約 366 天；通過觀察月亮的圓缺，知道了一個月大約是 29～30 天，一個太陰年大約 355 天，太陽年與太陰年相差大約 10～11 天。當四個仲月來臨之時，在黃昏觀測南中天，如果發現當月所對應的中星（鳥、火、虛、昴）明顯落後，則設置一個閏月，以使星象和曆法相符。《堯典》：「日中，星鳥，以殷仲春。……日永，星火，以正仲夏。……宵中，星虛，以殷仲秋。……日短，星昴，以正仲冬。……期三百有六旬有六日，以閏月定四時，成歲。」生動地記載了

〔註38〕〔臺〕陳炫瑋：《孔家坡漢簡日書研究》，臺灣清華大學碩士學位論文 2007 年，第 43 頁。

先民觀象授時的原理。先民最早認識的節氣只有多至、夏至、春分、秋分，當時的觀測技術原始而落後，觀象授時曆的粗疏是難以想像的。

　　至殷商，根據馮時先生的研究，殷曆尙處於觀象製曆向推步曆法過渡的階段，此時紀日以干支，紀月以朔望，紀年以四氣，年分平閏，月有大小，閏法的創製以端正四氣爲原則。至西周，其曆法是在殷曆的基礎上發展起來的陰陽合曆，與殷曆並無根本不同。但是，周代曆法獨重月相，這一點與殷曆明顯不同。〔註39〕馮先生研究整理了西周月相與曆日之間的對應關係，筆者將其製成表4-7所示。

表4-7　西周月相與曆日對應關係

月相名稱	小月	大月
旁死霸	二十八	二十九
哉死霸（晦）	二十九	三十
既死霸（朔）	初一	初一
旁生霸	初二	--
生霸（朏）	初三	初二
既生霸	朏以後	朏以後
既望	望以後	望以後
旁：表示接近；哉：表示開始；既：表示已經。		

　　這種集中於月末月初的月相觀測顯示了西周時期人們希望準確確定月首。《呂氏春秋・貴因》：「推步者，視月行而知晦朔也」即是此意。馮時先生認爲：「對於月相變化的觀測記錄，目的當然在於使曆月的劃分和曆日的記錄更加精確，這是曆法漸至精密的重要一步。」〔註40〕

　　不過，殷商和西周早期的曆法，月首爲「朔」還是「朏」，馮時與張培瑜先生的觀點不大一致。

　　西周早期文獻和銅器銘文中並無「朔」字而多見「朏」字。張培瑜先生認爲「至少西周早期還是以新月出現『朏』作爲月首，月中紀日與月相有密切關係。要靠觀測月相來確定日序。朔日不可見，只能推算得出。可見，直

〔註39〕　馮時著：《中國古代物質文化史・天文曆法》，北京：開明出版社，2013年10月第一版，第二三八至二七七頁。

〔註40〕　同上，第二七五頁。

至西周初期曆法是依據實測天象決定，而不是事先推步制定的。」張先生根據最早的「朔」字（作朔日解）出現在《詩經・小雅・十月之交》中（這裡記載的是公元前 8 世紀辛卯朔日發生的一次日食），認爲中國曆法是在西周中期廢朏用朔的。〔註41〕

馮時先生根據殷商乙酉月食之年一至八月的曆譜分析認爲殷曆的曆月只能始於朔而不始於朏，殷曆和西周早期的曆法都以朔爲月首，可能是通過觀察殘月和新月而取其中間的時刻而得到的。顯然，這種方法認識的朔與現代天文學意義上的朔並不具有相同的概念，後者是指日月黃經差爲零的時刻，這一現象顯然無法看到，只能靠推步獲得。〔註42〕

兩位先生雖然有分歧，但是對於朔日的眞正含義還是講得非常清楚的。

對春秋時代的魯曆，張培瑜先生通過對《春秋經》記載的 37 次日食的研究，認爲有 32 次屬於觀測實錄，並得出「魯國曆法月相完全合天，步朔相當準確」的結論。張先生認爲：「春秋時期，由觀象授時發展到先期推步制定曆法的階段還爲時不久，尚未形成如古六曆、三統曆、四分曆等完整統一的年月日朔閏氣的嚴格推步體系。斯時日至測量還不夠準確，閏月設置尚欠規範。因此相應的歲首建正並非十分固定。」〔註43〕

我們知道春秋早期歲首基本建丑，但是到成公以後歲首就大致建子了。張先生認爲，大約在公元前七世紀中後期的魯僖公、文公時代基本上掌握了十九年七閏的章法，在能夠比較準確的測定日至的日期後，就有意識的以含冬至之月作爲歲首。不過，春秋魯國後期的曆法設置閏月還有一定的隨意性，有超過 1／10 的年份歲首有一個月的擺動。可能是日至測影還不夠精密，且不能排除氣候、氣象等因素。〔註44〕到戰國時期，學者已經掌握了日躔月離的推步，「千里之日至可坐而致也」，但春秋或更早期的學者或許還做不到這一點。〔註45〕

以上，我們簡要梳理了戰國以前的天文曆法由觀象授時向推步過渡的情

〔註41〕張培瑜著：《先秦秦漢曆法和殷周年代》，北京：科學出版社，2015 年 8 月第一版，第 1～2 頁。

〔註42〕馮時著：《中國古代物質文化史・天文曆法》，北京：開明出版社，2013 年 10 月第二版，第二六九頁。

〔註43〕張培瑜著：《先秦秦漢曆法和殷周年代》，北京：科學出版社，2015 年 8 月第一版，第 14 頁。

〔註44〕同上，第 40～41 頁。

〔註45〕同上，第 46 頁，第 348 頁。

況，這個過程也體現了人們對星空的熟悉程度的加深和觀測技術的日趨精密。而推步曆的標誌除了冬至的更精確測定之外，還有二十八宿體系的建立以及各宿距度的測定。潘鼐先生對此作了綜合性的研究。

我們知道，二十八宿距度分爲兩種，《淮南子》和《漢書‧律曆志》所記以及《開元占經》中記錄的石氏宿度爲傳統距度，《開元占經》記載的劉向《洪範傳》宿度、西漢汝陰侯墓出土的天文盤宿度以及放馬灘秦簡《日書》所記宿度均爲古度（以下簡稱《洪範傳》古度、汝陰侯占盤古度、放簡古度）。

現將傳統距度、《洪範傳》、汝陰侯占盤、放簡古度整理如表 4-8 所示。

表 4-8　二十八宿傳統距度與《洪範傳》、汝陰侯占盤、放簡古度一覽表
〔註 46〕

宿名／距度	傳統距度	古度			
		《洪範傳》	汝陰侯占盤	放簡	取定值
角	12	12		12	12
亢	9		11	12	10
氐	15	17		17（11）	17
房	5	7	7	7（10）	7
心	5	12	11	11、12	11
尾	18	9	9	9	9
箕	11	10	10	10	10
斗	26.25	22	22	22、23	22
牛	8	9	9		9
女	12	10	10		10
虛	10	14	14	14	14
危	17	9	6	9	9
室	16	20	20	20	20
壁	9	15	15	13	15
奎	16	12	11	15	12
婁	12	15	15	13	15
胃	14	11	11	13、14	11
昴	11	15	15	15	15

〔註46〕此表傳統距度、《洪範傳》、汝陰侯占盤古度及古度取定值均採自潘鼐：《中國恒星觀測史》第 20 頁，第 32 頁；放簡古度採自程少軒博士論文《放馬灘簡式占古佚書研究》（復旦大學 2011 年）第 85～86 頁；（）內數據採自孫占宇博士論文《放馬灘秦簡日書整理與研究》（西北師範大學 2008 年）第 58～59 頁，據稱是本篇簡文本來的數值。本表空缺處爲數據缺失。

畢	16	15	15	15	15
觜	2	6	6	6	6
參	9	9	9	9	9
井	33	29	26	29	29
鬼	4	5	5		5
柳	15	18	18		18
星	7	13	12	13	13
張	18	13		1？（13）	13
翼	18	13		13	13
軫	17	16		15	16

　　潘鼐先生在日本能田忠亮的研究基礎上，以古度考察了《禮記·月令》《呂氏春秋·十二紀》《逸周書·月令解》日躔及昏旦中星的記載，認為在不拘泥於距星和宿度的情況下，基本適合春秋時期，彼時日躔二十八宿只能看作大略位置。「可以確證《禮記·月令》的天象，係春秋中後期所觀測；當以公元前 620±100 年為十二個月日躔二十八宿的時期。」〔註47〕

　　結合魯國的曆法在春秋中後期的變化，潘先生說：「魯文公與宣公的年代為公元前 626 年至公元前 591 年，宣公十四年為公元前 595 年，成公的年代為公元前 590 年至公元前 578 年。此項周正曆法的使用年代，與《禮記·月令》觀測年代平均為公元前 620 年，即魯文公七年亦正相合。這時，約當二十八宿已經成立的年代的下限。」又說：「古度實為我國最早的科學的恒星觀測資料。石氏度則為公元前五世紀中葉繼之而起的較精確的觀測結果，已是進一步發展的科學成果了。」〔註48〕潘先生還計算了以牽牛上星為距，冬至點在牽牛一度或一度餘的測定年代為公元前 510 年左右，應用於顓頊曆，採用二十八宿古度。〔註49〕

　　近年來考古學上的新發現中的確有證據表明春秋晚期已經形成了完善的二十八宿距度體系。2006 年 12 月至 2008 年 8 月發掘的安徽蚌埠雙墩一號春秋晚期鍾離國君墓葬第三層是自中央圓形區域向外輻射的二十條寬窄不均的放射遺跡（圖 4-5）〔註50〕，馮時先生考證認為這是二十八宿按照龍（角、亢、

〔註47〕潘鼐著：《中國恒星觀測史》，上海：學林出版社，2009 年 3 月對應表，第 15～17 頁。

〔註48〕同上，第 41 頁。

〔註49〕同上，第 36～38 頁。

〔註50〕安徽省文物考古研究所、蚌埠市博物館：《安徽蚌埠雙墩一號春秋墓發掘簡報》，《文物》，2010 年第三期。

氐、房、心、尾）、箕、斗、牛、女、虛、危、定（營室、東壁）、奎、婁、胃、昴、畢、虎（觜、參）、井、鬼、柳、星、鳥（張、翼）、軫二十象合併宿度所形成的天區投影。並指出：「墓中二十個放射區域如果是以『象』及二十八宿距星爲標準所建立的天區，那麼這將意味著至少在西元前六世紀春秋晚期以前，二十八宿體系顯然已經相當完善，而且作爲一個恒星觀測體系，無疑已具有了明確的距度劃分。」〔註 51〕

另，2006 年底在河南南陽徐家嶺墓葬區發掘出土的阰夫人嬭鼎，經專家考證此鼎鑄於公元前 507 年，其上銘文考釋爲：「唯正月初吉，歲在淈灘，孟春在奎之際……」。〔註 52〕馮時先生認爲銘文的意義重大，首先是太歲紀年的行用年代大爲提前至春秋晚期，其次說明二十八宿體系不僅在當時已經形成而且具有完善的距度劃分，用於系統地觀測和紀時。〔註 53〕

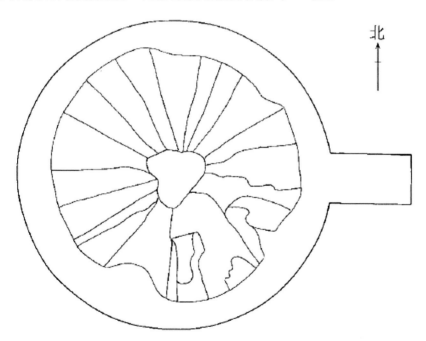

圖 4-5　M1「放射線形狀」跡象示意圖

〔註 51〕　馮時：《上古宇宙觀的考古學研究──安徽蚌埠雙墩春秋鍾離君柏墓解讀》，《中央研究院歷史語言研究所集刊》第八十二本，第三分，2011 年。

〔註 52〕　王長豐、郝本性：《河南新出「阰夫人嬭鼎」銘文紀年考》，《中原文物》，2009 年第 6 期。

〔註 53〕　馮時：《阰夫人嬭鼎銘文及相關問題》，《中原文物》，2009 年第 6 期。

針對潘鼐先生的研究，我們有兩個疑問需要探討。

首先，潘先生認為「可以確證《禮記‧月令》的天象，係春秋中後期所觀測；當以公元前 620±100 年為十二個月日躔二十八宿的時期」，這個結論是以節氣月為標準得出的麼？從潘先生介紹的計算方法看，「以孟春之月的月初，太陽位於營室為起點，取二十八宿按石氏宿度從室宿、壁宿依次排到虛宿、危宿，排滿 365.25 度，再將太陽行程按每月 30.4375 日，一日行一度，亦按十二個月，順序排列同周天二十八宿位置做對比」，這顯然是節氣月（平氣）的計算方法。然而，到目前為止還沒有任何證據能夠表明春秋時期已經存在二十四節氣。在沒有二十四節氣的時代會存在節氣月嗎？潘先生沒有考慮這個問題。這是他的計算存在的第一個不合理之處。

春秋時期是否存在節氣月呢？本文認為或許有兩種可能。

一是春秋中晚期已經形成了二十四節氣，只不過現在還沒有找到證據。比如說，阰夫人孀鼎銘文「歲在涒灘」表明春秋晚期已經存在太歲紀年了。而傳世文獻中最早出現太歲紀年的是《呂氏春秋‧序意》「維秦八年，歲在涒灘」，這是公元前 239 年，已經是戰國末期了。在阰夫人孀鼎出土之前，誰會想到春秋晚期已經存在太歲紀年呢？而「孟春在奎之際」表明當時的確是存在類似於節氣月的日躔記錄，雖然我們僅僅憑這一句無法瞭解十二個月日躔的全貌，但至少可以判斷這與《呂氏春秋‧十二紀》《禮記‧月令》上的日躔屬於同一種類型。誰能夠預料今後不會出現支持二十四節氣在春秋時期便已經存在的新證據呢？

第二種可能是，在春秋晚期雖然還沒有形成二十四節氣的名稱，但是已經有了節氣月的實質。這種可能性極大，理由有二。

第一是，當時很可能是以冬至點為基準，把太陽的視運動軌跡按照一周天 365.25 度平均分成 12 份，使冬至、夏至、春分、秋分居於所在月的中點上，實際步算大概是類似於《淮南子‧天文訓》介紹的方法。〔註 54〕這樣形成的

〔註 54〕劉文典撰：《淮南鴻烈集解》，北京：中華書局，1989 年 5 月第一版，第九九～一〇二頁：

　　日行一度，十五日為一節，以生二十四時之變。斗指子則冬至，音比黃鍾。加十五日指癸則小寒，音比應鍾。加十五日指丑是大寒，音比無射。加十五日指報德之維，則越陰在地，故曰距日冬至四十六日而立春，陽氣凍解，音比南呂。加十五日指寅則雨水，音比夷則。加十五日指甲則雷驚蟄，音比林鍾。加十五日指卯中繩，放日春分則雷行，音比蕤賓。加十五日指乙則清明風至，音比仲呂。加十五日指辰則穀雨，音比姑洗。加十五日指常羊之維

十二個月的日躔其實是算出來的，只有冬至點是測出來的。當時根本就沒有
能力觀測除了冬至之外的其他時間點的真實日躔，然而把它們計算出來卻完
全不是問題。這樣說是有根據的，例如《周髀算經》記載的各節氣的日影長
度〔註55〕是一個等差數列，與《後漢書·律曆志》記載的二十四節氣日影實
測長度〔註56〕相比，顯然前者是想當然的結果。就連春分、秋分的日影長度
也是計算出來，這個現象告訴我們：當時通過觀察太陽出沒的方位（正東正
西），以及感受白晝和黑夜的長短來判斷春分、秋分，其準確度非常粗略，粗
略到他們對觀測結果沒有把握，所以才會相信等差數列的計算，並忠實地記

則春分盡，故曰有四十六日而立夏，大風濟，者比夾鐘。加十五日指巳則小
滿，音比太蔟。加十五日指丙則芒種，音比大呂。加十五日指午則陽氣極，
故曰有四十六日而夏至，音比黃鐘。加十五日指丁則小暑，音比大呂。加十
五日指未則大暑，音比太蔟。加十五日指背陽之維則夏分盡，故曰有四十六
日而立秋，涼風至，音比夾鐘。加十五日指申則處暑，音比姑洗。加十五日
指庚則白露降，音比仲呂。加十五日指西中繩，故曰秋分雷戒，蟄蟲北鄉，
音比蕤賓。加十五日指辛則寒露，音比林鐘。加十五日指戌則霜降，音比夷
則。加十五日指蹄通之維則秋分盡，故曰有四十六日而立冬，草木畢死，音
比南呂。加十五日指亥則小雪，音比無射。加十五日指壬則大雪，音比應鐘。
加十五日指子，故曰陽生於子，陰生於午。

〔註55〕 程貞一、聞人軍譯注：《周髀算經譯注》，上海：上海古籍出版社。2012 年 12
月，第 126～127 頁：

凡八節二十四氣，氣損益九寸九分六分分之一。冬至晷長一丈三尺五寸，
夏至晷長一尺六寸，問次節損益寸數長短各幾何？冬至晷長丈三尺五寸。小
寒丈二尺五寸小分五。大寒丈一尺五寸一分小分四。立春丈五寸二分小分三。
雨水九尺五寸三分小分二。驚蟄八尺五寸四分小分一。春分七尺五寸五分。
清明六尺五寸五分小分五。穀雨五尺五寸六分小分四。立夏四尺五寸七分小
分三。小滿三尺五寸八分小分二。芒種二尺五寸九分小分一。夏至一尺六寸。
小暑二尺五寸九分小分一。大暑三尺五寸八分小分二。立秋四尺五寸七分小
分三。處暑五尺五寸六分小分四。白露六尺五寸五分小分五。秋分七尺五寸
五分小分一。寒露八尺五寸四分小分一。霜降九尺五寸三分小分二。立冬丈
五寸二分小分三。小雪丈一尺五寸一分小分四。大雪丈二尺五寸小分五。凡
為八節二十四氣。

〔註56〕 〔晉〕司馬彪撰：《後漢書·律曆志》，北京：中華書局，1965 年 5 月第一版，
第三〇七～三〇八〇頁：

冬至丈三尺，小寒丈二尺三寸，大寒丈一尺，立春九尺六寸，雨水七尺
九寸五分，驚蟄六尺五寸，春分五尺二寸五分，清明四尺一寸五分，穀雨三
尺二 6 寸，立夏二尺五寸二分，小滿尺九寸八分，芒種六寸八分，夏至尺
五寸，小暑尺七寸，大暑二尺，立秋二尺五寸五分，處暑三尺三寸三分，白
露四尺三寸五分，秋分五尺五寸，寒露六尺八寸五分，霜降八尺四寸，立冬
丈，小雪丈一尺四寸，大雪丈二尺五寸六分。

錄下來流傳到後世。即使是到了漢代，觀測的誤差依然能夠被我們發現：如果深入分析《後漢書・律曆志》記載的春分和秋分日影的長度，我們就知道這是按照平氣計算出春、秋分的日期之後再測出的結果。因爲如果觀測太陽出沒的方位（正東正西）的準確度足夠高的話，這樣測出的春分和秋分便是定氣了。事實上，太陽視運動速度的不均勻性，在中國直到公元六世紀前期（約北魏、北齊時期）才被張子信發現。〔註57〕

雖然從「立春、雨水、驚蟄、春分、清明、穀雨」這個排列順序看，《周髀算經》的這段文字應該是西漢以後的產物，但是以西漢人的天文測量技術，不會得出等差數列的結果。所以，這些數據應該是早期的產物，不會晚於戰國初期石申夫整理二十八宿距度的時代。所以我們有理由認爲，二十八宿的距度剛剛形成之時，由於觀測精度遠遠不夠，所以當時各月的日躔是通過計算得出。

第二個理由是，阤夫人孋鼎太歲紀年的銘文「歲在涒灘」表明當時早已存在歲星紀年了（因爲歲星紀年比太歲紀年更早），那麼十二次也應該已經產生，春秋時代是否也存在十二辰紀月呢？相關的問題比較複雜，需要另立專題研究。但是根據當時已經存在太歲紀年，我們推測彼時赤道已經被平均分成了十二個區域。那麼人們借用這十二個區域來標記日躔，完全符合邏輯。

以上分析的這些情況是潘先生沒有考慮過的。

第二點疑問是，潘鼐先生用古度來計算日躔，認爲大致符合春秋中晚期之天象。然而他所說的古度是《開元占經》記載的劉向《洪範傳》宿度以及西漢汝陰侯墓出土的天文盤宿度。從放馬灘秦簡《日書》記載的宿度我們可以看到，三者有一些差別（參見表 4-8）。那麼，古度從建立之初至西漢初年是不是處於演變之中呢？潘先生計算了公元前 590 年的冬至點，那麼公元前 620 年的冬至點在哪裡呢？他沒有說。如果冬至點不同，距度體系很可能不會相同。這也是潘先生沒有考慮過的。

綜上，本文認爲潘鼐先生（包括能田忠亮）的計算在邏輯上缺乏說服力。

本文認爲，既然春秋早期歲首基本建丑，但是到成公（公元前 590 年）以後歲首就大致建子，這說明當時已經能夠比較準確的測定冬至了，那麼當

〔註57〕《歷代天文律曆等志》二《隋書・天文志》中，北京：中華書局，1975 年 10 月第一版，第五九九頁：「至後魏末，清河張子信，學藝博通，尤精曆數。……言日行在春分後則遲，秋分後則速。」

時的天算家完全具備能力以冬至點爲基準計算出各「節氣月」（姑且這樣稱呼）
的日躔。因此，二十八宿距度體系的建立應該是以公元前 590 年爲下限。到
公元前 510 年，可能觀測技術有所改進，彼時他們遂以牽牛上星爲距，將冬
至點修正爲牽牛 1 度或 1 度餘，整個距度體系可能又有所修正。

第五節　「月宿」曆法、占法以及宋元王夢占

做完了早期曆法的梳理工作，現在我們可以開始討論月宿占法的來歷了。

上一節我們已經論證曆年某月的朔日月球的位置不會固定在某宿，但是
出土的簡牘和傳世的六壬文獻中記載的月宿占法卻表現出與此相悖的情況。
本文認爲，這種情況只能產生在觀測精度不高的年代，用「大概是」「差不多」
來形容當時的天文觀測是比較客觀的。其次，既然出現了「朔宿」，表明當時
的人們已經明白了「合朔」的原理。再次，月宿占法既然是用二十八宿來標
記月亮的逐日運行，彼時肯定已經形成了二十八宿體系，但是未必形成了二
十八宿的距度。

事實上，二十八宿又叫二十八舍，「舍」的含義便是住所，今天我們還在
使用「宿舍」這個詞。據馮時先生介紹，二十八宿最初的用途便是爲了記錄
月球在恒星間運行的位置。古印度的二十八宿名爲「納沙特拉」，阿拉伯則稱
爲「馬納吉爾」，意思都是「月站」。〔註58〕

月宿、月舍、月站這三個詞其實是相同的含義。月相昭昭，逐日在星際
穿行，很難相信在遙遠的新石器時代，智慧開啓的先民不會關注它。至西周，
人們密切的注意到月相變化，雖然我們不能肯定彼時形成了二十八宿，但是
人們不將月相變化與星空背景相關聯是不可思議的。將這一段時間理解爲二
十八宿形成之前的漫長的準備期，可能比較符合實際。

探討二十八宿形成的年代，《詩經》的記載能夠提供一些線索。

《小雅·漸漸之石》：「有豕白蹢，烝涉波矣。月離于畢，俾滂沱矣。」
其中「月離于畢」很可能是傳世文獻中關於月在某宿的最早的記載。既然我
們可以通過阤夫人嬭鼎銘文「孟春在奎之際」推測出在當時已經形成完善的

〔註58〕馮時著：《中國古代物質文化史·天文曆法》，北京：開明出版社，2013 年 10
　　　月第一版，第八四頁。

　　　陳遵嬀著：《中國天文學史》，上海：上海人民出版社，2016 年 12 月第一版，
　　　第 210～211 頁。

二十八宿體系距度劃分，那麼我們完全可以推測《漸漸之石》的成文時代已經具有了二十八宿體系（或二十七宿體系，不見得具有距度），當時應該形成了十二月逐月曆日月相與二十八宿配合的曆法，本文稱之為「月宿曆法」。

《小雅・十月之交》：「十月之交，朔月辛卯。日有食之，亦孔之醜」，學者考證這是公元前 8 世紀辛卯日發生的日食，〔註59〕詩中明確出現了「朔」字（作朔日解），這說明當時人們已經懂得了日月交會。那麼彼時應該不僅形成了二十八宿體系，而且還通過朔日月亮的位置來間接確定太陽的位置。但是我們不能肯性當時已經形成二十八宿的距度體系，即使形成，實際觀測的精度也不高，所以以月亮的行程來推算朔日之日躔是粗略的。

據說《詩經》原有 3000 多篇，經孔子刪定後僅存 311 篇。可以想像，《詩經》原篇中的天文知識比我們現在看到的要多得多。而天文曆法知識在文學作品中的體現只是一個縮影而已。這意味著，即使我們能夠看到《詩經》原篇，也只能看到當時天文學知識的冰山一角。

一般認為《小雅》產生在西周末至東遷之後。因此本文認為，西周末期至公元前 8 世紀，已經形成了二十八宿體系並形成了月宿曆法。

再到公元前 590 年左右，古人通過觀測確定了冬至，再通過計算確定了各「節氣月」的日躔，這個時候因為計算的需要，二十八宿距度體系應運而生。此時，人們將節氣月之日躔與朔望月之日躔相混同。上一節我們已經討論，由於當時還不能準確觀測各節氣月的日躔，所以用月宿間接推算日躔的誤差並不能被發現，而一直沿用下去。

後來隨著觀測技術的逐漸精密，二十八宿距度體系不斷完善。再後來，隨著觀測精度和計算能力的進一步提高，終於在到戰國時期，石申夫用當時的高科技手段重新整理了二十八宿體系形成了傳統距度。然而春秋時期形成的這套古老的距度體系並未消失，它隱藏在數術學中世代相傳。月宿占法很可能產生、形成並發展在二十八宿體系形成至石申夫重新修訂二十八宿距度的這個時間段之間。

月宿占法雖然看上去是通過計算某日月亮位於某宿來占卜吉凶，但是它暗含了求日躔的方法。也即，通過觀察月相以及月離某宿，便可以推算出當時日躔的位置，即朔宿。然後通過「日在加時」占法來推算事情的吉凶。在

〔註59〕張培瑜著：《先秦秦漢曆法和殷周年代》，北京：科學出版社，2015 年 8 月第一版，第 1～2 頁。

那個觀測精度不高的時代，這種方法是智慧的。因此，月宿占法不過是日在加時占法的變形而已，或者更準確的說，前者是後者的早期形式，二者具有淵源關係，屬於同一個數術門類，所以在後期的大六壬文獻中依然可以找到月宿占法的材料。

　　成書於東漢末期的《吳越春秋》記載的幾例發生在春秋晚期的式占，雖然我們認爲彼時沒有那樣複雜的占法，但是當時存在比較原始的式占形式，這些形式流傳到後世作爲文人做文章的素材，又在原始占法的基礎上揉入了漢代的高級成分，這是合乎情理的。相關的討論我們還會在後面的章節中詳細展開。

　　而《龜策列傳》所載宋元王夢占也屬於類似情況，其中既有月宿占法，也有日在加時占法，現在我們就來作一番解讀。

　　「仰天而視月之光，觀斗所指，定日處鄉。規矩爲輔，副以權衡。四維已定，八卦相望。視其吉凶，介蟲先見。⋯⋯今昔壬子，宿在牽牛。河水大會，鬼神相謀。漢正南北，江河固期，南風新至，江使先來。白雲壅漢，萬物盡留。斗柄指日，使者當囚。」

　　原文已知宋元王做夢的時間在夜半，驚醒之後便將衛平博士請來占夢。本文開篇已討論這個夢占不會發生在冬至時節。因爲彼時烏龜已經多眠，漁民也很少外出打漁，即使打漁也不大可能選擇在半夜作業。

　　故事發生的季節和月份沒有明說，其實暗合在占文中：「漢正南北，江河固期，南風新至，江使先來」。一說到漢正南北，我們就知道只有兩種可能，一是日躔斗宿附近，一是日躔井宿附近，在春秋末期至西漢年間只有巳（孟夏）、亥（孟冬）兩月的中下旬的夜半才有銀河在頭頂橫亙南北的天象，後面又說南風新至，顯然是孟夏。

　　那麼「仰天而視月之光」的含義就清楚了，這是說通過觀察月相和月亮處於哪一個星宿的位置，可以推算當時的日躔，即朔宿。文中說宿在牽牛，也即月離牽牛，並非日躔牽牛。因此，清人錢大昕、張文虎和近人嚴敦傑三位先生都將式占的時間定爲冬至後子月是錯誤的。根據日躔月離的位置我們可以反過來推算這一天大概是農曆十六或十七。

　　「觀斗所指」既可以定日躔，也可以定時辰。知道日躔、時辰、斗柄所指三者之二，就可以推算其餘。現在我們知道日躔井宿、夜半兩個因素，當然可以推算出斗杓指昴宿。

「規矩爲輔，副以權衡」，規矩指方形的地盤，權衡代表北斗，指天盤。衛平觀察了月相和北斗之後，便用式盤來輔助演算。「四維已定，八卦相望」，這是說將式盤擺好，東西南北對正，天地人鬼四門無差錯，八卦的方位不偏倚。

「介蟲先見」大概是指事情發生在壬子日夜半子時正是北方玄武所值，玄武即是烏龜（介蟲）和騰蛇的合稱。

「今昔壬子，宿在牽牛。河水大會，鬼神相謀。」這是說壬子日五行屬水，月宿牽牛在銀河，所以叫「河水大會」。此時此刻，「我們」來占夢（與鬼神相謀）。

「白雲壅漢，萬物盡留」這是說此時（占夢的這個時間）有白雲飄過來，好像堵塞了銀河，萬物不流通，暗示烏龜被劫持了。這屬於以外應取象定吉凶。

後文又說「斗柄指日，使者當囚」，斗柄指日，是說斗杓指向地盤上壬子日之天干壬寄宮的亥支（營室、東壁兩宿的位置），這是衛平占夢的時間，那麼很容易推算出太陽已經運行到了地盤的尾、箕兩宿，正當寅時。

衛平憑藉斗柄指日，判斷使者當囚，這是爲何？原來，被斗杓所指的方位兇險無比。《淮南子・天文訓》：「北斗所擊，不可與敵」，意思是說順著斗杓所指的方位去進攻，所向無敵。反過來，被北斗所指的方位，無比危險。古代的兵陰陽家的厭兵術常用到這個法則。比如，《漢書・王莽傳》：「是歲八月，莽親之南郊，鑄作威斗。威斗者，以五石銅爲之，若北斗，長二尺五寸，欲以厭勝眾兵。既成，令司命負之，莽出在前，入在御旁。鑄斗日，大寒，百官人馬有凍死者。」〔註60〕後文又說：「時莽紺袀服，帶璽韍，持虞帝匕首，天文郎按栻於前，日時加某，莽旋席隨斗柄而坐曰：『天生德於予，漢兵其如予何！』」〔註61〕大敵當前，王莽並不抵抗，而是調整姿勢順隨斗柄的指向而坐，目的是厭勝眾兵。兵陰陽家利用北斗所指來指導打仗在文獻中有多處記載。如《淮南子・兵略訓》：「加巨斧於桐薪之上，而無人力之奉，雖順招搖，挾刑德，而弗能破者，以其無勢也。」〔註62〕這裡，招搖指斗柄的一顆星，「順

〔註60〕〔漢〕班固撰：《漢書・王莽傳》，北京：中華書局，1962 年 6 月第一版，第四一五一頁。

〔註61〕同上，第四一九〇頁。

〔註62〕劉文典撰：《淮南鴻烈集解》，北京：中華書局，1989 年 5 月第一版，第五〇九頁。

招搖」即是順著斗柄所指的方向去進攻的意思。又如《漢書‧藝文志‧兵書略》：「陰陽者，順時而發，推刑德，隨斗擊，因五勝，假鬼神而爲助者也。」〔註63〕「隨斗擊」的意思也就是順著斗柄所指去進攻，有鬼神相助。

斗柄指日，再結合白雲壅漢，所以衛平得出「使者當囚」的結論。

後文還說宋元王立馬派人去泉陽尋龜，在打漁人豫且家將其找到，回返途中「出於泉陽之門。正晝無見，風雨晦冥」，此時已經天亮了，但烏雲密佈，風雨飄搖。注意，這裡用的是「風雨」，而不是「風雪」，也證明當時並非寒冬之際。整個故事的發生、發展緊湊有序、精彩傳神。

本章已近尾聲，最後還需要簡單談談十二月將的起止點何時從節氣變成了中氣。

筆者考察了宋代《大六壬斷案》〔註64〕記載的 218 個案例，從前、中、後各抽取 15 個（或 16 個）年月日齊全且日期沒有爭議的案例來演算考證，發現這 47 個案例中有 44 例符合中氣換將的原則，僅有 3 例不符。筆者將這些案例的關鍵信息以及是否符合中氣換月將的情況整理成「表 4-9」，詳見附錄 3。表格中節氣／中氣以及對應農曆日期是查閱張培瑜先生《三千五百年曆日天象》。〔註65〕

對於不符合中氣換月將的三個例子（序號分別爲 105、109、214），由於缺乏更多的資料無法探究其真實原因，但是從所考查的 47 例中有 44 例符合中氣換月將的情況看，這 3 例很可能是原作者邵彥和疏忽大意造成的。

這說明最遲在宋代，大六壬月將的算法規則已經是以中氣爲起止點了。

我們注意到一件事實：歲差在中國是東晉虞喜在公元 330 年前後發現的，然而並非所有的天算家都接受這個觀點。唐李淳風最初便持反對意見，製《麟德曆》時不予考慮歲差的因素，直到撰寫《乙巳占》才承認歲差的存在。〔註66〕直到唐

〔註63〕〔漢〕班固撰：《漢書‧藝文志》，北京：中華書局，1962 年 6 月第一版，第一七六〇頁。

〔註64〕〔宋〕邵彥和撰，劉科樂校注：《大六壬斷案疏證》，北京：華齡出版社，2012 年 1 月第一版。

〔註65〕張培瑜著：《三千五百年曆日天象表》，鄭州：大象出版社，1997 年 7 月第二版。

〔註66〕〔唐〕李淳風撰：《乙巳占》卷一，《續修四庫全書‧子部》一〇四九冊，上海：上海古籍出版社，2002 年，第二十五頁。原文如下：

　　淳風按：王蕃所論冬夏二至，春秋二分日度交道所在，並據劉洪乾象所說，今則並差矣！黃道與日相隨而交，據今正（貞年）觀三年己丑歲，冬至

僧一行製《大衍曆》於開元十七年（729）頒行全國，歲差才被廣泛接受。

我們知道《三統曆》中冬至點在牽牛初度，實際上這個位置是在戰國初期（約公元前 440 年）測定的。到《大衍曆》於公元 729 年頒行，一共約 1100 年。

歲差每大約 71 年退行 1 度（中國古度），24 節氣之間（節氣和中氣）相距大約 15.2 度（平氣）。那麼 1100 年冬至點退行了約 15.5 度，正好是節氣到中氣的距離。所以，本文認為，大六壬月將的起止點由節氣變成中氣，是《大衍曆》頒行前後被天算家修改的，這個天算家很可能就是僧一行（宋代史學家鄭樵所著《通志》記載的六壬典籍有《六壬明鑒連珠歌》和《六壬髓經》，作者正是唐代大名鼎鼎的天文學家僧一行〔註67〕）。

小結

本章以《史記·龜策列傳》宋元王占夢為線索，以眾多出土文獻和傳世文獻為依據，追溯了大六壬「日在加時」占法的起源和流變。新石器時代先民就已經關注日月的運行，西周初期人們已經可以比較準確的分辨月相，西周晚期至春秋早期形成了月相與二十八宿相結合的月宿曆法，人們已經懂得用月宿紀日，彼時可能已經形成了「月宿占法」，這是「日在加時」占法的原始形式。

公元前 590 年前後能夠比較準確地測定冬至，並形成了最早的二十八宿矩度體系，彼時古人可能借用歲星十二次對逐月日躔進行過粗略計算。到公元前 510 年，可能觀測技術有所改進，彼時他們遂以牽牛上星為距，將冬至點修正為牽牛 1 度或 1 度餘，整個距度體系可能又有所修正。隨著觀測精度提高，到戰國初期，石申夫對二十八宿距度進行過修正並得到傳統距度體系。至遲在此時，二十四節氣已經形成。至遲在戰國晚期形成了「日在加時」占法的早期形式。至西漢，「日在加時」占法逐步完善，產生了十二月將雛形。

日在斗十二度，夏至在井十五度，春分在奎七度，秋分日在軫十五度，每六十年餘差一度矣。

日行一度，即是日法一千三百四十分、一年行三百六十五度、一千三百四十度之三百二十八，每歲不周天十三分矣。

〔註67〕〔宋〕鄭樵撰：《通志二十略》，北京：中華書局，1995 年 11 月第一版，第一六八八頁。

在西漢末東漢初，「日在加時」占法成熟並形成了十二月將，以《三統曆》節氣月作爲換月將的標準。西漢末、東漢初，術家將多種占法糅合最終形成了大六壬數術。至東晉虞喜發現歲差，再到隋唐時代歲差逐漸被天算家普遍接受，到唐一行在《大衍曆》頒行時將月將的起訖點由節氣變更爲中氣，並一直流傳到後世。從大六壬「日在加時」占法的演變，我們可以看到中國古代天文學發展的脈絡，並對數術學的迷信和科學思想有所體會。

第五章 「天一貴神」算法之考辨——兼論天干「五合化氣」思想與干支紀曆之產生

　　第二章我們談到在戰國初期當道家宇宙形上論思想廣泛傳播之時，石申夫用「天一」和「太一」重新命名了 5000 年前的兩顆北極星。於是有人將上帝稱作「太一神」，也有人將上帝稱為「天一貴神」。這意味著至尊的神也要受制於「數」，於此我們可以看到古人思辨能力的提升，也可以看到他們對宇宙規律認識得更加深入。「法於陰陽，合於數術」，數術學經歷了上古時期的萌芽以及漫長的發展期，到戰國秦漢時代一步步興盛起來。

　　所謂數術，是指存在一套運算法則的技術，本文將數術學的運算法則簡稱為「算法」。我們要考察某一種數術是屬於科學還是迷信，還是兼而有之，就要考察它的算法有沒有道理，有沒有邏輯。本文研究大六壬也正是基於這樣的思路。上一章我們探究了「日在加時」占法的起源和流變，本章將考察大六壬天將體系的運算規則。傳世文獻對天一貴神算法的記載並不相同，相關的爭論也並不少見，我們需要仔細分辨。

第一節　文獻中的記載

　　傳世文獻對天一貴神算法的記載不盡相同，主要有三種。

　　第一種最早見於《黃帝授三子玄女經》：「天一所在，甲、戊、庚，旦大吉，夕小吉。乙、己，晝神后，夜傳送。丙、丁，旦登明，暮從魁。六辛，

晝勝光，夜功曹。壬、癸，晝太一，夜太衝。」〔註1〕

　　將其翻譯成現代文便是：天一貴神的位置，在甲戊庚日的白晝處於天盤的丑（支），黑夜在未；乙己日晝在子，夜在申；丙丁日晝在亥，夜在酉；辛日晝在午，夜在寅；壬癸日晝在巳，夜在卯（案：大吉、小吉、傳送、登明等十二神是大六壬月將的名稱，分別對應天盤十二支，詳見第三章第一節）。

　　上海博物館藏六朝六壬式盤的背面有兩段銘文。

　　其一：「前一騰蛇，前二朱雀，前三六合，前四勾陳，前五青龍。後一天后，後二太陰，後三玄武，後四太常，後五白虎，後六天空。」〔註2〕這是講天將十二神的排列順序。

　　其二：「天一居在東在西，南為前；在南在北，東為前。甲戊庚，旦治大吉，暮治小吉。乙己，旦治神后，暮治傳送。丙丁，旦治徵明，暮治從魁。六辛，旦治勝光，暮治功曹。壬癸，旦治太一，暮治太衝。」〔註3〕這段話前一部分「天一居在東在西，南為前；在南在北，東為前」，這是講十二神的旋轉方向，在本章第二節有詳細介紹。後一部分「甲戊庚，旦治大吉，暮治小吉。乙己，旦治神后，暮治傳送。丙丁，旦治徵明，暮治從魁。六辛，旦治勝光，暮治功曹。壬癸，旦治太一，暮治太衝」，這是關於天一貴神的算法，與前文《黃帝授三子玄女經》的記載基本相同。這套算法（後文中簡稱為「舊法」）還見於隋代《五行大義》、宋代《景祐六壬神定經》、清末民初《大六壬探源》等。〔註4〕可見其傳播比較廣泛。

　　需要指出的是，這裡出現了兩套神煞系統：月將和天將。月將由太陽視運動的位置決定，天將由日干及晝夜等因素決定，不能混淆。

　　然而，「舊法」的道理何在呢？恕筆者孤陋寡聞，在傳世文獻中沒有找到合理的解釋。如果一套算法只是給出一串「口訣」而缺乏令人信服的邏輯，

〔註1〕李零主編，陳久金點校：《中國方術概觀》式法卷，北京：人民中國出版社，1993年6月第一版，第34頁。

〔註2〕嚴敦傑：《跋六壬式盤》，《文物參考資料》，1958年7期。

〔註3〕同上。

〔註4〕〔隋〕蕭吉著：劉鴻玉、劉炳琳譯解，《五行大義白話全解》，北京：氣象出版社，2015年1月第一版，第320頁。
　　　李零主編，陳久金點校：《中國方術概觀》式法卷，北京：人民中國出版社，1993年6月第一版，第335頁。
　　　〔清〕袁樹珊著，鄭同點校：《大六壬探源》，北京：燕山出版社，2010年9月第一版，第一二三頁。

人們自然會產生懷疑。

　　另外兩種算法在清代《御定星曆考原》卷五（以下簡稱《考原》）有詳細記載，其一由元代司天臺官員曹震圭提出，詳見注釋〔註5〕，大意是說：天一貴神是萬神的主宰，白天和夜晚分別治理內外；辰戌兩支為魁罡，貴神不在這裡停留；戊日在中央，其貴神的分配與甲日相同；具體計算的時候，丑為紫宮後門的左邊，屬於陽，未為紫宮前門的右邊，屬於陰；甲為十干之首，所以甲日的白晝貴神在丑，按日逆行，乙在子，丙在亥，丁在酉，己在申，庚在未，辛在午，壬在巳，癸在卯；甲日的黑夜貴神在未，按日順行，乙在申，丙在酉，丁在亥，己在子，庚在丑，辛在寅，壬在卯，癸在巳；戊日白晝貴神在丑，黑夜貴神在未。

　　曹氏算法（後文簡稱為「曹法」）以丁在酉、己在申，庚在未，癸在卯為晝貴，這個結果恰好是舊法中的夜貴（見表 5-1），顯然曹法並不是在解釋舊法，而是自創了一套邏輯。其以陽貴逆行，陰貴順行，遭到《考原》批評：「按：……曹氏則以陽為陰，以陰為陽，夫陽順陰逆，陽前陰後，自然之理也。當以起未而順者為陽；起丑而逆者為陰。方是。」筆者同意《考原》的觀點。

表 5-1　天一貴神晝夜所臨地支表

日干	甲	乙	丙	丁	戊	己	庚	辛	壬	癸	備註
晝貴	丑	子	亥	亥	丑	子	丑	午	巳	巳	*舊法*
	丑	子	亥	酉	丑	申	未	午	巳	卯	*曹法*
夜貴	未	申	酉	酉	未	申	未	寅	卯	卯	*舊法*
	未	申	酉	亥	未	子	丑	寅	卯	巳	*曹法*

〔註5〕〔清〕李光地編：《御定星曆考原》卷五，《文淵閣四庫全書》第八一一冊，臺北：臺灣商務印書館，1983 年，第 80～81 頁。原文如下：

　　　歌曰：「甲戊庚牛羊，乙己鼠猴鄉，丙丁豬雞位，壬癸兔蛇藏，六辛逢馬虎，此是貴人方。」曹震圭曰：「天乙者，乃紫微垣左樞傍之一星，萬神之主掌也，一日二者，陰陽分治內外之義也。辰戌為魁罡之位，故貴人不臨。戊，以配中央之位，乃勾陳後宮之象，故與甲同。其起例以丑乃紫微後門之左，陽界之辰也，未乃紫微南門之右，陰界之辰也。甲者，十干之首，故陽貴以甲加丑逆行，甲得丑、乙得子、丙得亥、丁得酉、己得申、庚得未、辛得午、壬得巳、癸得卯，此晝日之貴也。陰貴以甲加未順行，甲得未、乙得申、丙得酉、丁得亥、己得子、庚得丑、辛得寅、壬得卯、癸得巳，此暮夜之貴也。戊以助甲成功，故亦得丑未，若六辛之獨得寅午，則自然所致，更無疑矣。」

　　《考原》上還記載了天一貴神的另一種算法，詳見注釋〔註6〕。這一套算法（後文中簡稱「郭法」）的邏輯性近乎完美，至於是不是出自東晉學者郭璞（郭景純），此處暫且存疑。儘管《考原》對「郭法」沒有提出異議，但是我們依然有三點疑問。

　　其一：先天八卦、後天八卦的提法是宋人的發明，這個問題筆者曾經撰文討論過。〔註7〕所以，用坤卦的先後天位置來設定算法的起點，這種說法應該是後人的臆測。

　　其二：「郭法」的邏輯性本來可以自洽，但是他又提出「陽貴人旦晝於冬至後用之，陰貴人暮夜於夏至後用之」，那麼多至後的陰貴人和夏至後的陽貴人又該如何處置呢？這顯然是畫蛇添足的做法。令人玩味的是，《協紀辨方書》

〔註6〕　〔清〕李光地編：《御定星曆考原》卷五，《文淵閣四庫全書》第八一一冊，臺北：臺灣商務印書館，1983年，第81～82頁。原文如下：

　　《通書》云：「郭景純以十干貴人爲吉神之首，至靜而能制群動，至尊而能鎮飛浮，以其爲坤黃中通理，乃貴人之德，是以陽貴人出於先天之坤而順，陰貴人出於後天之坤而逆。天干之德，未足爲貴，而干德之合氣，乃爲貴也。

　　先天坤卦在正北，陽貴起於先天之坤，故從子起甲，甲德在子，氣合於己，故己以子爲陽貴，以次順行；乙德在丑，氣合於庚；丙德在寅，氣合於辛；丁德在卯，氣合於壬；辰爲天羅，貴人不居，故戊跨在巳，氣合於癸，午與先天坤位相對，名曰天空，貴人有獨無對，故陽貴人不入於午；己德在未，氣合於甲，庚德在申，氣合於乙，辛德在酉，氣合於丙，戌爲地綱，貴人不居，故壬跨在亥，氣合於丁，子坤位，貴人不再居，故癸在丑，氣合於戊，是爲陽貴起例。

　　……歌曰：「庚戊見牛甲在羊，乙猴己鼠丙雞方，丁豬癸蛇壬是兔，六辛逢虎貴爲陽。」此十干先天相合之氣，屬陽。故從子位順行，分居地盤九支，謂之陽貴人。旦晝於冬至後用之。

　　後天坤卦在西南，陰貴起於後天之坤，故從申起，甲德在申，氣合於己，故己以申爲陰貴，以次逆行，乙德在未，氣合於庚，丙德在午，氣合於辛，丁德在巳，氣合於壬，辰爲天羅，貴人不居，故戊跨在卯，氣合於癸，寅與後天坤位相對，名曰天空，貴人有獨無對，故陰貴人不入於申，己德在丑，氣合於甲，庚德在子，氣合於乙，辛德在亥，氣合於丙，戌爲地綱，貴人不居，故壬跨在酉，氣合於丁，申坤位貴人不再居，故癸跨在未，氣合於戊，是爲陰貴起例。

　　……歌曰：「甲貴陰牛庚戊羊，乙貴在鼠己猴鄉，丙豬丁雞辛遇馬，壬蛇癸兔屬陰方。」此十幹後天相合之氣，屬陰，故從申位逆行，分居地盤九支，謂之陰貴人，暮夜於夏至後用之。

〔註7〕　冉景中，《「天南地北」考》，《「〈周易〉與中國哲學」國際學術研討會論文集》，中國人民大學國學院2015年9月26日～27日，第308～327頁。另，本文經過修改更名爲《「天南地北」眞義考》被《海南師範大學學報》（社會科學版）2018年第2期刊用，見附錄4。

基本忠實的轉錄了《考原》對「郭法」的記載，但不知是什麼原因省略掉了
「陽貴人旦晝於冬至後用之」，「陰貴人暮夜於夏至後用之」這兩句話。〔註8〕
或許《協紀辨方書》也認爲這個提法不妥。

其三：「郭法」與「舊法」得出的晝夜貴神並不相同，詳見表 5-2。誰是
誰非呢？人們對此有許多爭論，基本形成了左中右三派，或各執一詞，或折
中調和，聚訟紛紜。這些爭論我們暫且放在一邊，如果能夠知道大六壬在形
成初期天將十二神的運算法則，或許能夠幫助我們理解古人的巧思，幫助我
們評判後人的爭辯。

表 5-2 天一貴神晝夜所臨地支表

日干	甲	乙	丙	丁	戊	己	庚	辛	壬	癸	備註
晝貴	丑	子	亥	亥	丑	子	丑	午	巳	巳	*舊法*
	未	申	酉	亥	丑	子	丑	寅	卯	巳	*郭法*
夜貴	未	申	酉	酉	未	申	未	寅	卯	卯	*舊法*
	丑	子	亥	酉	未	申	未	午	巳	卯	*郭法*

第二節　《吳越春秋》六壬案例分析

根據李零先生的研究，《漢書·藝文志·數術略》記載的文獻屬於六壬占
法的有《轉位十二神》二十五卷，與式法有關的有《羨門式法》二十卷、《羨
門式》二十卷、《堪輿金匱》？卷，遺憾的是這些典籍全部亡佚了。〔註9〕

所幸，東漢趙曄著《吳越春秋》還保留了一些六壬式占的案例。楊景磐
先生對此頗有研究心得。〔註10〕但楊先生只提到「舊法」而未涉及「郭法」。
本文希望作進一步的研究。

爲了方便讀者理解這些案例，我們將一些六壬占法的基礎知識扼要整
理，介紹如下，其中涉及的知識點主要參閱了《御定六壬直指》〔註11〕和《大

〔註8〕〔清〕允祿等撰，孫正治注譯，《協紀辨方書》，北京：中醫古籍出版社，2012
　　　年2月第一版，第309～310頁。
〔註9〕李零：《中國方術正考》，北京：中華書局，2006年5月第一版，第87頁。
〔註10〕楊景磐：《中國歷代易案考》，北京：中國國際廣播音像出版社，2006年7月
　　　第一版，第132～148頁。
〔註11〕〔清〕康熙內府精抄本，李峰注解：《故宮珍本叢刊》精選整理本叢書，海口：
　　　海南出版社，2002年2月第一版。

六壬探源》〔註12〕。

首先簡要回顧一下上一章討論過的「日在加時」占法。日在也叫日躔，即太陽黃道視運動所在的位置，每月日躔也叫月將。正（寅）月登明亥將，二（卯）月河魁戌將，三（辰）月從魁酉將，四（巳）月傳送申將，五（午）月小吉未將，六（未）月勝光午將，七（申）月太乙巳將，八（酉）月天罡辰將，九（戌）月太衝卯將，十（亥）月功曹寅將，十一（子）月大吉丑將，十二（丑）月神后子將。時辰，即地盤上子、丑、寅、卯、辰、巳、午、未、申、酉、戌、亥十二支（如圖 5-1）。六壬形成之初，時辰由求占之時決定。如自己占，以發念之時爲占；他人來占，以相遇之時爲占。後來發展到可以用來人口報之支爲占時，或用籤置桶中，視抽出某時爲占時，等等。這兩種方法主要用於同一日同一時辰有多人求占的情況，本章不予討論。每一個求占的時間都對應一個月將（天盤）和時辰（地盤）。將天盤和地盤這兩個位置相重，得到的地支組合便可以預測吉凶。假如十二月寅時，即以天盤子將加在地盤寅時之上，如圖 5-2。

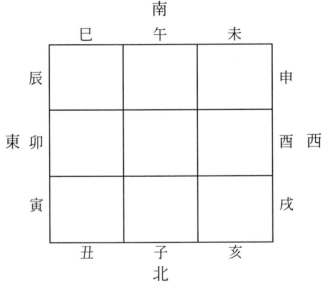

圖 5-1　地盤（筆者繪製）

〔註12〕〔清〕袁樹珊著，鄭同點校：《大六壬探源》，北京：燕山出版社，2010 年 9 月第一版。

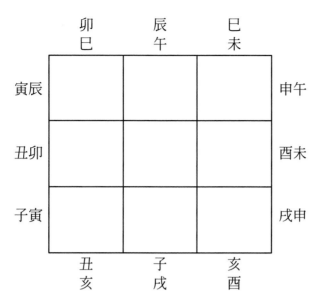

圖 5-2　天盤子將（外層）加地盤寅時（內層）（筆者繪製）

　　古人認爲天旋轉而地不動。我們從出土的六壬式盤可以清楚地看到這一點，中間的圓盤象天，可以旋轉，外邊的方盤象地，固定不動，如圖 5-3。這是古代蓋天家模仿天地運行所設計的一種模型。手工排盤時常常將地盤省去，這一點需要留意。

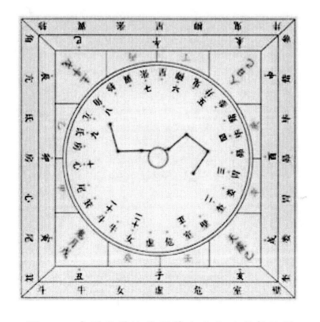

圖 5-3　參照西漢汝陰侯墓出土六壬式盤繪製

　　接下來我們要介紹天將十二神的排列規則。本章第一節提到六朝六壬式盤的背面有兩段銘文。「前一騰蛇，前二朱雀，前三六合，前四勾陳，前五青龍。後一天后，後二太陰，後三玄武，後四太常，後五白虎，後六天空」這一句講的是十二神的排列順序。「天一居在東在西，南爲前；在南在北，東爲前」這一句講的是十二神的旋轉方向。

　　當天一貴神疊加在地盤的亥至辰（即東、北方位），天將十二神就順時針排列（左旋），見圖 5-4a；當天一貴神落在地盤的巳至戌（即南、西方位），則逆時針排列（右旋），見圖 5-4b。這就是「天一居在東在西，南爲前；在南在北，東爲前」的含義。李零先生將這句話理解爲「『天一'在東在南，是以左爲前，右爲後；在西在北，是以右爲前，左爲後。實際上也就是以東南爲前，西北爲後。」〔註 13〕這是不妥的，應糾正。但是瑕不掩瑜，李零先生著《中國方術正考》，爲我們研究數術學掃清了許多障礙，讓我們感謝他。

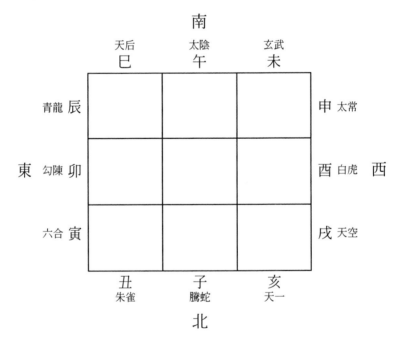

圖 5-4a　十二天將順時針排布圖（筆者繪製）

〔註13〕 李零：《中國方術正考》，北京：中華書局，2006 年 5 月第一版，第 96 頁。

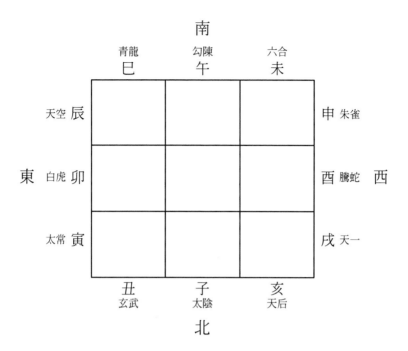

圖 5-4b 十二天將逆時針排布圖（筆者繪製）

最後我們還需瞭解六壬十干寄宮的規則。六壬的天地盤都用地支表示，求占當日的天干需要轉化爲相應的地支才能參於演算。十干寄宮歌訣云：「甲課在寅乙課辰，丙戊課巳不須論，丁己課未庚申上，辛戊壬亥是其眞，癸課原來丑宮坐，分明不用四正神。」此歌訣皆指地盤而言，即是：甲寄寅，乙寄辰，丙寄巳，丁寄未，戊寄巳，己寄未，庚寄申，辛寄戊，壬寄亥，癸寄丑〔子、午、卯、酉爲四正神無寄〕。

瞭解了這些六壬占法的基本知識，現在我們就來探討《吳越春秋》記載的六壬案例中信息較全的三例，看看東漢時期天一貴神的算法究竟如何。本文選取的案例文字主要採自《吳越春秋校證注疏》（張覺撰）並參考了《中國歷代易案考》（楊景磐著）。

例一、《吳越春秋・勾踐入臣外傳第七》：

……越王聞之，召范蠡告之曰：「孤聞於外，心獨喜之，又恐其不卒也。」范蠡曰：「大王安心，事將有意，在《玉門》第一。今年十二月戊寅之日，時加日出。戊，囚日也；寅，陰後之辰也。合庚辰，歲後會也。夫以戊寅日聞喜，不以其罪罰日也。時加卯而賊戊，功曹爲騰蛇而臨戊，謀利事在青龍，青龍在勝先而臨酉，死氣也，

而剋寅，是時剋其日，用又助之。所求之事，上下有憂。此豈非天
網四張，萬物盡傷者乎？王何喜焉？」〔註14〕

此處有一句話很關鍵「今年十二月戊寅之日，時加日出」，據此可以知道
天盤月將爲神后子，加在地盤卯時（日出）上。於是得到一個天地盤如圖 5-5。

這裡涉及到十二時辰與十二時稱的對應的問題，從目前已知的出土文獻
的研究情況看，在戰國晚期至秦，已經出現了這種對應，即是：雞鳴丑、平
旦寅、日出卯、食時辰、莫（暮）時巳、日中午、日失未、下市申、舂日酉、
牛羊入戌、黃昏亥、人定子。〔註15〕

這裡還涉及到晝夜的劃分問題，六壬占法的不同門派有各種說法，本章
採用最基本的方法：從日出到日入（卯、辰、巳、午、未、申）六個時辰爲
晝，從日入到日出（酉、戌、亥、子、丑、寅）六個時辰爲夜。

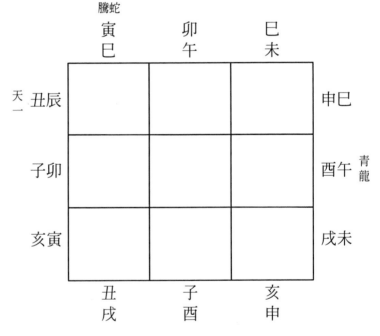

圖 5-5　天地盤（內層爲地盤，外層爲天盤，筆者繪製）

〔註14〕 張覺撰：《吳越春秋校證注疏》，北京：知識產權出版社，2014 年 3 月第二版，
　　　　第 219 頁。
〔註15〕 劉樂賢著：《睡虎地秦簡日書研究》，臺北：文津出版社，1994 年初版，第 365
　　　　～367 頁。

後文又說：「功曹爲騰蛇而臨戊，謀利事在青龍，青龍在勝先而臨酉，死氣也。」

這裡戊寅日之天干戊寄宮在地盤的巳；月將功曹指天盤寅，月將勝光（也叫勝先）指天盤午；騰蛇和青龍都指天將。

那麼，「功曹爲騰蛇而臨戊」和「青龍在勝先而臨酉」的意思是說：月將功曹寅和天將騰蛇相重疊加在地盤巳上，月將勝光午和天將青龍相重疊加在地盤酉上，如圖5-5所示。

天將十二神的排列是由天一貴神的位置決定的。知道了青龍和騰蛇的位置，可以反推出天一貴神的位置。於是很容易知道此案例戊寅日的白晝天一貴神在天盤的丑，疊加在地盤的辰之上，天將十二神是順時針排列的。

前文介紹過天一貴神疊加在地盤的亥至辰，天將十二神則順時針排列（左旋），本案例與此正相符。

我們將前面推導出的結論「戊日晝貴在天盤丑」先記下來，以備後面總結討論。

例二、《吳越春秋·夫差內傳第五》：

> 子胥曰：「今年七月辛亥平旦，大王以首事。辛，歲位也；亥，陰前之辰也。合壬子，歲前合也，利以行武，武決勝矣。然德在合，斗擊丑。丑，辛之本也，大吉，爲白虎而臨。辛，功曹，爲太常所臨。亥，大吉，得辛爲九丑，又與白虎並重。有人若以此首事，前雖小勝，後必大敗。天地行殃，禍不久矣。」〔註16〕

這段文字的句讀，張覺先生斷得不對，注釋和義疏也不符合六壬占法。比如，文中出現兩個「大吉」：「丑，辛之本也，大吉」，「亥，大吉」。通過前面的討論我們已經知道，在六壬占法中「大吉」是月將之一，指代地支「丑」，通常稱呼爲「大吉丑」。張先生卻把「大吉」解釋成十分吉利。另外，張先生

〔註16〕 張覺撰：《吳越春秋校證注疏》，北京：知識產權出版社，2014年3月第二版，第141頁，第144～145頁。案：張先生在注釋18引《淮南子·天文訓》「亥爲收，主大德」，所以說「亥，大吉。」

此處《淮南子·天文訓》原文爲：「寅爲建，卯爲除，辰爲滿，巳爲平，主生；午爲定，未爲執，主陷；申爲破，主衡；酉爲危，主杓；戌爲成，主少德；亥爲收，主大德；子爲開，主太歲；丑爲閉，主太陰。」顯然這是建除家的專門術語，每一個月十二地支的建除排列並不相同，比如正月建寅，「寅爲建，卯爲除，辰爲滿，巳爲平，……」二月建卯，「卯爲建，辰爲除，巳爲滿，午爲平，……」以此類推。因此亥並不總爲收，也並不總是主大德。

在義疏中將「斗擊丑」解釋成「斗宿卻進入了丑」；將「亥，大吉，得辛爲九丑」解釋成「現在辛與亥相配，則不合天地之道，所以爲九丑。」〔註17〕這些說法都是不對的。這些問題牽涉到許多天文數術知識，與本章的關係不大，此處不詳論。

本文指出這些瑕疵只是說明張先生對數術學瞭解不多，但是他在文獻學的研究中所作出的貢獻一直爲後學景仰，讓我們感謝他。

筆者拜讀了楊景磐先生對這一段話句讀的斷法以及理解，覺得更有道理，引如下：

> 今年七月辛亥平旦，大王以首事。辛，歲位也；亥，陰前之辰也。合壬子，歲前合也，利以行武，武決勝矣。然德在合，斗擊丑。丑，辛之本也。大吉爲白虎而臨辛，功曹爲太常所臨亥，大吉得辛爲九丑，又與白虎並重，有人若以此首事，前雖小勝，後必大敗，天地行殃，禍不久矣。〔註18〕

據此，我們很容易得到一個天地盤如圖5-6。這裡辛亥日之天干辛寄宮在地盤戌，月將大吉丑與天將白虎相重疊加在地盤戌上，月將功曹寅與天將太常相重疊加在地盤亥上，於是很容易推出辛亥日夜間天一貴神在天盤午，臨地盤卯，天將十二神順時針排列。

此例天將排列的方向與前文介紹的規則相符合。我們將結論「辛日夜貴在天盤午」先記錄在此，以備後面總結。

例三、《吳越春秋‧勾踐入臣外傳第七》：

> ……今年三月甲戌，時加雞鳴。甲戌，歲位之會將也，青龍在酉，德在土，刑在金，是日賊其德也。知父將有不順之子，君有逆節之臣。〔註19〕

此例給出的信息不如前兩例充分。楊景磐先生將此年三月甲戌日所在月將定爲戌將，加雞鳴丑時排得天地盤，再將天將青龍疊加在地盤酉之上，如圖5-7：

〔註17〕 張覺撰：《吳越春秋校證注疏》，北京：知識產權出版社，2014年3月第二版，第141頁。

〔註18〕 楊景磐著：《中國歷代易案考》，北京：中國國際廣播音像出版社，2006年7月第一版，第142～144頁。

〔註19〕 同上，第139頁。

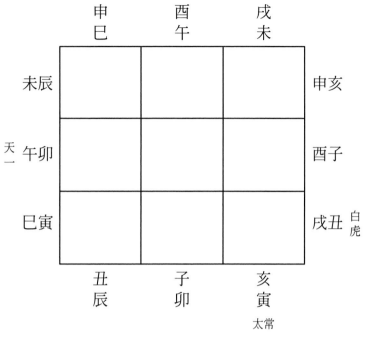

圖 5-6　天地盤（筆者繪製）

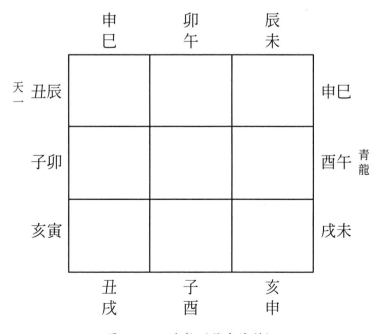

圖 5-7　天地盤（筆者繪製）

　　通過前兩例我們已經驗證其天將的排列方向與後世文獻的記載相同。所以本例雖然只給出青龍的位置（臨地盤酉），我們依然可以用順時針排列的方式推算出甲戌日夜間天一貴神在天盤丑，臨地盤的辰。現在將結論「甲日夜貴在天盤丑」記下來供後面討論研究。

　　值得注意的是，按說三月將爲從魁酉，但是楊先生將其定爲二月將河魁戌，卻沒有解釋原因。筆者認爲合理的解釋應該是，此三月甲戌日尚未交清明節，所以月將爲二月河魁戌。是否有必要搜集春秋晚期吳越的曆法來驗證這個判斷呢？筆者按認爲大可不必。

　　因爲，在上一章我們討論過月將的源流問題，十二月將的名稱是西漢末東漢初才形成的，西漢時期只有十二月將的雛形，戰國晚期有「日在加時」占法的早期形式——斗乘二十八宿占法，春秋時期應該存在「日在加時」占法更早期的形式——「月宿占法」。因此，《吳越春秋》記載的這幾則案例，很可能是春秋吳越爭霸過程中留下的一些原始素材，後人在此基礎上加進了東漢六壬占法的一些複雜形式所形成的。

　　所以這幾則案例不能當作信史來看待。也即是說，這裡的十二月戊寅日、七月辛亥日、三月甲戌日並不能看作春秋晚期吳越爭霸時的某年某月某日來看待，而只能看作是東漢《吳越春秋》成書之時其作者根據歷史資料加工出來的東西。

　　現在我們將這三例中天一貴神推算結果羅列於後：戊日晝貴在天盤丑；辛日夜貴在天盤午；甲日夜貴在天盤丑。

　　對照表二，我們發現它們全部符合「郭法」而不符合「舊法」。儘管《吳越春秋》和其他史料沒有更多的例子來幫助我們探索東漢時期天一貴神的算法，但是本文認爲，在找不出反例的情況下，這三個例子可以說明東漢時期大六壬天一貴神的運算法則正是《御定星曆考原》記載的東晉學者郭璞所傳的方法。彼時東晉距離東漢不遠，所傳的方法保留著原汁原味。

　　我們只要把「郭法」與「舊法」相對比，就會發現「郭法」繁瑣而「舊法」簡易，那麼「舊法」的來源很可能是後人嫌原始的算法複雜而將其簡化的結果。然而，簡易的同時丟棄了運算邏輯，「舊法」成了一串沒有道理的「口訣」。

第三節 「天一貴神」算法原理之解析

前面我們考證研究了「天一貴神」的幾種主要的推算規則，在大六壬正式成型之時（西漢末東漢初），「天一貴神」的算法正是《御定星曆考原》記載的東晉學者郭璞所傳的方法。這種算法的原理是什麼呢？

我們先將「郭法」概括如下：

白晝，陽貴人出於先天之坤而順行；黑夜，陰貴人出於後天之坤而逆行。天干之德，不足以為貴，而天干相合之氣，才為貴。

先天坤卦在正北，陽貴起於先天之坤，故從子起甲，甲德在子，氣合於己，故己以子為陽貴，以次順行；乙德在丑，氣合於庚；丙德在寅，氣合於辛；丁德在卯，氣合於壬；辰為天羅，貴人不居，故戊跨在巳，氣合於癸，午與先天坤位相對，名曰天空，貴人有獨無對，故陽貴人不入於午；己德在未，氣合於甲，庚德在申，氣合於乙，辛德在酉，氣合於丙，戌為地網，貴人不居，故壬跨在亥，氣合於丁，子坤位，貴人不再居，故癸在丑，氣合於戊，是為陽貴起例。

後天坤卦在西南，陰貴起於後天之坤，故從申起，甲德在申，氣合於己，故己以申為陰貴，以次逆行，乙德在未，氣合於庚，丙德在午，氣合於辛，丁德在巳，氣合於壬，辰為天羅，貴人不居，故戊跨在卯，氣合於癸，寅與後天坤位相對，名曰天空，貴人有獨無對，故陰貴人不入於申，己德在丑，氣合於甲，庚德在子，氣合於乙，辛德在亥，氣合於丙，戌為地網，貴人不居，故壬跨在酉，氣合於丁，申坤位貴人不再居，故癸跨在未，氣合於戊，是為陰貴起例。

將郭法列成表格 5-3。

表 5-3 郭璞傳天一貴神晝夜所臨地支表

日干	甲	乙	丙	丁	戊	己	庚	辛	壬	癸
晝貴	未	申	酉	亥	丑	子	丑	寅	卯	巳
夜貴	丑	子	亥	酉	未	申	未	午	巳	卯

這套算法的原理是什麼？也即：為什麼陽貴要出於先天之坤（子），而陰貴人要出於後天之坤（申）？為什麼天干之德不足以為貴，而天干相合之氣才為貴？筆者讀書未廣，未見史上有人討論過這兩個問題，本文試圖破譯設計者的「巧思」。

　　先來看第一個問題，陽貴出於先天之坤（子），而陰貴出於後天之坤（申），這是爲何？本文認爲這個提法本身並不合理，因爲先天八卦、後天八卦的說法是宋人的發明，筆者曾經撰文討論過〔註20〕，東漢時期沒有先天八卦的概念。即使有，那爲什麼規定貴神出於坤，而不是乾？另外，後天八卦之坤，並不在申，而位於未、申之間，那爲何陰貴起於申而不起於未？如果不對這些追問給出合理的解釋是難以讓人信服的。

　　本文認爲，陽貴甲起於子而順行，陰貴甲起於申而逆行，這正是戰國及秦漢年間陰陽刑德思想的體現，與先、後天八卦毫無關係。簡單的說：陽主生爲德，陰主殺（剋）爲刑，陽順陰逆，自然之理。所以，甲起於子，子水生甲木，爲德爲陽；甲起於申，申金剋甲木，爲刑爲陰。

　　關於中國古代陰陽刑德思想，胡文輝先生做過比較全面的研究。〔註21〕大致上，刑德思想在早期只是一種政治、社會概念。如《尙書》：「惟羞刑暴德之人，同於厥邦。」（《立政》）「士制百姓於刑之中，以教祗德。」（《呂刑》）又如《論語》：「道之以政，齊之以刑，民免而無恥；道之以德，齊之以禮，有恥且格。」（《爲政》）再如《鶡冠子》：「調以五音，正以六律，紀以度數，宰以刑德。」《尉繚子》：「刑以伐之，德以守之。」等等。後來大概在戰國後期，陰陽與刑德思想互相滲透，如馬王堆帛書《老子》乙本：「刑德相養，逆順乃成。刑晦而德明，刑陰而德陽，刑微而德彰。」又如《管子・四時》：「陽爲德，陰爲刑，和爲守。」又如《大戴禮記・四代》：「三德率行，乃有陰陽。陽爲德，陰爲刑。」《鹽鐵論》：「背陰向陽，前德而後刑也。」《春秋繁露》中的陰陽刑德思想就更多了，不一一列舉。

　　《淮南子・天文訓》對陰陽刑德思想作了原理上的解釋，詳見注釋〔註22〕。

〔註20〕 詳見附錄4。
〔註21〕 胡文輝著：《中國早期方術與文獻叢考》，廣州：中山大學出版社，2000年11月第一版，第253～269頁。
〔註22〕 劉文典撰：《淮南鴻烈集解》，北京：中華書局，1989年5月第一版，第九六～九八頁。原文如下：
　　　　子午、卯酉爲二繩，丑寅、辰巳、未申、戌亥爲四鉤。東北爲報德之維也，西南爲背陽之維，東南爲常羊之維，西北爲蹏通之維。
　　　　日冬至則斗北中繩，陰氣極，陽氣萌，故曰冬至爲德。日夏至則斗南中繩，陽氣極，陰氣萌，故曰夏至爲刑，陰氣極則北至北極，下至黃泉，故不可以鑿地穿井。萬物閉藏，蟄蟲首穴，故曰德在室。陽氣極則南至南極，上至朱天，故不可以夷丘上屋。萬物蕃息，五穀兆長，故曰德在野。……
　　　　陰陽刑德有七舍。何謂七舍？室、堂、庭、門、巷、術、野。十二月德

這段話的意思簡單的說就是：陰陽二氣彼此消長，推動了自然界的生長（德）和凋亡（刑）的循環。從時令上看，冬至（子月）陰氣極，陽氣萌，所以冬至爲德；夏至（午月）陽氣極，陰氣萌，所以夏至爲刑；八月（酉月）、二月（卯月），陰陽氣均，日夜分平，所以刑德勢均力敵。

　　不過《天文訓》在另一處又說：「斗杓爲小歲，正月建寅，月從左行十二辰……小歲東南則生，西北則殺」〔註23〕，又如《管子・四時》：「德始於春，長於夏；刑始於秋，流於冬。」〔註24〕刑德的起始點不同，但是德主生爲陽，刑主殺爲陰的含義是一致的。

　　大概從戰國開始，陰陽刑德思想便融入到數術學中，我們從「天一貴神」的算法就可以看到這一點。馬王堆漢墓出土的帛書中，數術學文獻《刑德》篇以及《陰陽五行》篇與本文研究的天一貴神算法的關係密切，我們在本章下一節專門討論。

　　所以，天一貴神在白晝從甲子日起順推，在黑夜從甲申日起逆推，用陰陽刑德思想來解釋似乎已經足夠了，但是其設計者爲什麼還要加一個計算環節，即天干之德不足以爲貴，而天干相合之氣才爲貴呢？

　　要回答這個問題我們需瞭解何爲天干相合？爲什麼相合？何爲化氣？爲什麼化氣？

　　古人規定，十個天干「甲、乙、丙、丁、戊、己、庚、辛、壬、癸」兩兩相合，即甲己合、乙庚合、丙辛合、丁壬合、戊癸合，簡稱五合。它們不僅相合，還要化，即甲己合化土、乙庚合化金、丙辛合化水、丁壬合化木、戊癸合化火。但是其中的邏輯在哪裡呢？

　　《五行大義》以夫婦之道解釋五合頗有道理，詳見注釋〔註25〕。其以五

居室三十日，先日至十五日，後日至十五日，而徙所居各三十日。德在室則刑在野，德在堂則刑在術，德在庭則刑在巷。陰陽相德則刑德合門。八月、二月，陰陽氣均，日夜分平，故曰刑德合門。德南則生，刑南則殺，故曰二月會而萬物生，八月會而草木死。

〔註23〕同上，第一○二頁。

〔註24〕黎翔鳳撰：《管子校注》，北京：中華書局，2004年6月第一版，第八五七頁。

〔註25〕〔隋〕蕭吉著：劉鴻玉、劉炳琳譯解，《五行大義白話全解》，北京：氣象出版社，2015年1月第一版，第139頁。原文如下：

　　干合者，己爲甲妻，故甲與己合；辛爲丙妻，故丙與辛合，癸爲戊妻，故癸與戊合；乙爲庚妻，故乙與庚合；丁爲壬妻，故丁與壬合。《李氏陰陽說》曰：木八畏庚九，故以妹乙妻庚，庚氣在秋，和以木氣，是以薺麥當秋而生，所謂妻來之義。火七畏壬六，故以妹丁妻壬，壬得火熱氣，故薺冬當冬而華，

陽干甲、丙、戊、庚、壬爲夫，以五陰干乙、丁、己、辛、癸爲妻，其中甲木剋己土，丙火剋辛金，戊土剋癸水，庚金剋乙木，壬水剋丁火，同時陰陽（夫婦）又天然相合，即甲己合、乙庚合、丙辛合、丁壬合、戊癸合，這就是相剋又相合的夫婦之道。只是，《五行大義》解釋五合摻雜了河圖配數，實屬牽強附會，這個問題我們後面細說。

事實上，先秦文獻便有用夫婦之道來借指天干五合的思想，如《左傳·昭公九年》：「陳，水屬也；火，水妃也⋯⋯妃以五成，故曰五年。」又《昭公十七年》：「水、火之牡也。其以丙子若壬午作乎！水火所以合也」。〔註26〕看來，這些思想有很早的淵源。這裡「妃以五成」告訴我們天干五合與數相配的關係，即甲、乙、丙、丁、戊、己、庚、辛、壬、癸分別配一、二、三、四、五、六、七、八、九、十，那麼甲己合其數間隔五，乙庚合其數也間隔五，餘下皆同，所以叫「妃以五成」。學者認爲《左傳》的成書年代在戰國中期，約公元前四世紀初。〔註27〕這說明天干五合的思想至少在戰國中期就已經存在了。

以十天干依次代表十個自然序數至少在商代已經形成，彼時十干並不代表五行。而河圖洛書的數字與十干相配是另一套配數關係，十干已經有了五行屬性。但是後世一些文獻將天干五合與河圖配數生拉硬扯湊在一起。如《漢書·五行志》解釋「火，水妃也；水、火之牡」說：「天以一生水，地以二生火，天以三生木，地以四生金，天以五生土。五位皆以五而合，而陰陽易位，故曰『妃以五成』。然則水之大數六，火七，木八，金九，土十。故水以天一爲火二牡，木以天三爲土十牡，土以天五爲水六牡，火以天七爲金四牡，金以天九爲木八牡。陽奇爲牡，陰耦爲妃。故曰『水、火之牡也；火，水妃也』。於《易》，『坎』爲水，爲中男，『離』爲火，爲中女，蓋取諸此也。」〔註28〕

金九畏丙七，故以妹辛妻丙，丙得金氣，故首夏靡草薺麥死，故夏至之後，三庚爲伏，以畏火也。土五畏甲八，故以妹己妻甲，土帶陰陽，合，以雌嫁木，故能生物也。水六畏土五，故以妹癸妻戊，五行相和，是其合也。

〔註26〕 楊伯峻編著：《春秋左傳注》，北京：中華書局，2009年10月第三版，第一三一〇、一三九一頁。

〔註27〕 胡文輝著：《中國早期方術與文獻叢考》，廣州：中山大學出版社，2000年11月第一版，第248頁。

張培瑜著：《先秦秦漢曆法和殷周年代》，北京：科學出版社，2015年8月第一版，第17頁。

〔註28〕 〔漢〕班固撰：《漢書》，北京：中華書局，1962年6月第一版，第一三二八頁。

河圖以一二三四五為生數，六七八九十為成數，一與六為水配北方、二與七為火配南方、三與八為木配東方、四與九為金配西方、五與十為土配中央。很顯然，以河圖之數，或稱天地之數來解釋天干五合，無論如何也無法解釋「妃以五成」。

《協紀辨方書》引《星曆考原》將河圖配數與天干自然序數糅雜在一起來解釋天干五合，尤其牽強附會：「五合者，即五位相得而各有合也。河圖一與六、二與七、三與八、四與九、五與十皆各有合。以十干之次言之，一為甲、六為己，故甲與己合；二為乙、七為庚，故乙與庚合；三為丙、八為辛，故丙與辛合；四為丁、九為壬，故丁與壬合；五為戊、十為癸，故戊與癸合。」〔註29〕

其中的邏輯顯然不通。因為河圖一與六為水、二與七為火、三與八為木、四與九為金、五與十為土，但是甲與己都不屬水，化氣也不屬水；乙與庚都不屬火，化氣也不屬火；餘類推。顯然，從思想發生的先後順序看，天干五合在前，然後有人用河圖生成數來附會五合，得出「一與六、二與七、三與八、四與九、五與十皆各有合」的結論。《繫辭傳》有一句類似的話：「天一地二，天三地四，天五地六，天七地八，天九地十。天數五，地數五，五位相得而各有合。」〔註30〕筆者認為，這句話也應該產生在天干五合思想之後，**把河圖洛書那種數字遊戲搞得神乎其神其實是戰國中期之後才萌芽的一種東西。**

還有人用其他數字來附會五合，比如西漢楊雄說：「子午之數九，丑未八，寅申七，卯酉六，辰戌五，巳亥四。……甲己之數九，乙庚八，丙辛七，丁壬六，戊癸五。」〔註31〕干支的這種配數，在《五行大義》和《協紀辨方書》中都能夠找到，〔註32〕在近年出土的放馬灘秦簡中也可以看到。〔註33〕這些配數並不能解釋五合的原理，也即是說，五合產生之後才出現這樣的或那樣

〔註29〕〔清〕允祿等撰，孫正治譯：《協紀辨方書》，北京：中醫古籍出版社，2012年12月第一版，第43頁。

〔註30〕馬恒君著：《周易正宗》，北京：華夏出版社，2014年6月第一版，第506～507頁。

〔註31〕〔宋〕司馬光集注：《太玄集注》，北京：中華書局，1998年9月第一版，第二三四～二三五頁。

〔註32〕〔隋〕蕭吉著：劉鴻玉、劉炳琳譯解，《五行大義 白話全解》，北京：氣象出版社，2015年1月第一版，第51頁。
〔清〕允祿等撰，孫正治譯：《協紀辨方書》，北京：中醫古籍出版社，2012年12月第一版，第51頁。

〔註33〕程少軒：《放馬灘簡式占古佚書研究》，復旦大學博士學位論文，2011年，第31～32頁。

的配數。

　　但是，我們要追問甲己合化土、乙庚合化金、丙辛合化水、丁壬合化木、戊癸合化火的道理又在哪裡呢？《黃帝內經》說：「甲己之歲，土運統之；乙庚之歲，金運統之；丙辛之歲，水運統之；丁壬之歲，木運統之；戊癸之歲，火運統之。」又說：「丹天之氣，經於牛女戊分，黅天之氣，經於心尾己分，蒼天之氣，經於危室柳鬼，素天之氣，經於亢氐昴畢，玄天之氣，經於張翼婁胃。所謂戊己分者，奎壁角軫，則天地之門戶也。」〔註34〕

　　但是為什麼甲己之歲土運統之？其原理是什麼？

　　筆者查閱各種文獻，認為沈括的說法頗有道理，詳見注釋〔註 35〕。沈括的解釋中有幾句很關鍵的話：「凡陰陽皆始於辰，……五運起於角、軫者，亦始於辰也。甲己之歲，戊己黅天之氣經於角、軫，故為土運。角屬辰，軫屬巳。甲己之歲，得戊辰、己巳。干皆土，故為土運。下皆同此。」他的意思是說，奎壁（戊亥）角軫（辰巳）是天地之門戶，陰陽皆起於辰（角宿）。這裡暗含著一種年、月、日、時的紀曆方法，即以甲子年、甲子月、甲子日、

〔註34〕　郭靄春主編：《黃帝內經素問校注》，北京：人民衛生出版社，2013 年 11 月第一版，第 575、578 頁。

〔註35〕　〔宋〕沈括著，金良年、胡小靜譯：《夢溪筆談》，上海：上海古籍出版社，2013 年 6 月第一版，第 286～287 頁。原文如下：

　　《素問五運大論》：「黃帝問五運之所始於岐伯，引《太始天元冊文》曰：『始開戊己之分。』所謂戊己分者，奎、壁、角、軫，則天地之門戶也。」王砅注引《遁甲》：「六戊為天門，六己為地戶。」天門在戊亥之間，奎、壁之分；地戶在辰、巳之間，角、軫之分。凡陰陽皆始於辰，上篇所論十二月謂之十二辰，十二支亦謂之十二辰，十二時亦謂之十二辰，日月星謂之三辰，五生之時謂之五辰。五運起於角、軫者，亦始於辰也。甲己之歲，戊己黅天之氣經於角、軫，故為土運。角屬辰，軫屬巳。甲己之歲，得戊辰、己巳。干皆土，故為土運。下皆同此。乙庚之歲，庚辛素天之氣經於角、軫，故為金運，庚辰、辛巳也。丙辛之歲，壬癸玄天之氣經於角、軫，故為水運，壬辰、癸巳也。丁壬之歲，甲乙蒼天之氣經於角、軫，故為木運，甲辰、乙巳也。戊癸之歲，丙丁丹天之氣經於角、軫，故為火運，丙辰、丁巳也。《素問》曰：「始於奎、壁、角、軫、則天地之門戶也。」凡運臨角、軫、則氣在奎、壁以應之。氣與運常同天地之門戶。故曰：「土位之下，風氣承之。」甲己之歲，戊己土臨角、軫，則甲乙木在奎、壁。奎屬戊，壁屬亥。甲己之歲，得甲戌、乙亥。下皆同此。曰「金位之下，火氣承之」者，乙庚之歲，庚辛金臨角、軫，則丙丁火在奎、壁。曰「水位之下，土氣承之」者，丙辛之歲，壬癸水臨角、軫，則戊己土在奎、壁。曰「風位之下，金氣承之」者，丁壬之歲，甲乙木臨角、軫，則庚辛金在奎、壁。曰「相火之下，水氣承之」者，戊癸之歲，丙丁火臨角、軫，則壬癸水在奎、壁。古今言《素問》者，皆莫能喻，故具論如此。

甲子時為曆法的起點，按照一年十二月、一日十二辰，推算下來即是甲己之年得戊辰、己巳月，乙庚之年得庚辰、辛巳月，丙辛之年得壬辰、癸巳月，丁壬之年得甲辰、乙巳月，戊癸之年得丙辰、丁巳月。所以甲己之歲，土運統之；乙庚之歲，金運統之；丙辛之歲，水運統之；丁壬之歲，木運統之。「統」就是首領、起首、統領的意思。

　　筆者找到一張五運圖示（圖5-8），不知出處，轉錄如下：

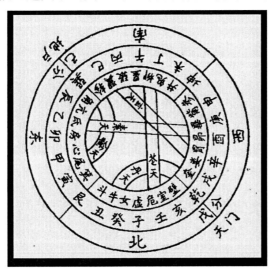

圖 5-8　五運圖

　　此圖正是「丹天之氣，經於牛女戊分，黅天之氣，經於心尾己分，蒼天之氣，經於危室柳鬼，素天之氣，經於亢氐昴畢，玄天之氣，經於張翼婁胃」描述的意思。按照此圖，我們可以清楚看到丹天之氣連接戊癸，黅天之氣連接甲己，蒼天之氣連接丁壬，素天之氣連接乙庚，玄天之氣連接丙辛。顯然此圖是按照天干五合化氣的原理繪製的。常有人把這個圖當作五運六氣產生的依據，說古人觀天發現天空有五種顏色的氣，紅色的氣經於牛女戊分，黃色的氣經於心尾己分，云云。**我認為他們搞反了因果關係，實際情況是古人根據干支曆法推算出天干五合化氣，然後據此繪製了這樣一張天象圖。**

　　通過上面的分析我們可以得出兩個結論：一是五合化氣產生的年代，一定已經開始使用干支來記錄年、月、日、時了；二是當時紀曆的起點一定是甲子年、甲子月、甲子日、甲子時。即使官方沒有正式推行，天算家也已經開始這樣實踐了。

於是我們很關心這樣的思想至遲產生在哪個年代。筆者翻遍近年出土的簡帛文獻，在馬王堆漢墓帛書中找到一些線索，如《陰陽五行乙篇‧出行占》：「丁壬晨、癸戊晏、甲己晝、乙庚昳、丙辛夕，以行大凶。」〔註36〕其意思是說丁、壬日的晨時，癸、戊日的晏時，甲、己日的晝時，乙、庚日的昳時，丙、辛日的夕時，出行大凶。注釋認為「昳」同「晛」，「日晛」之省，與「日失」、「日昳」同意。〔註37〕

筆者認為這裡暗含著「晨」為東方木，「晏」為南方火，「晝」為中央土，「昳」為西方金，「夕」為北方水的意思。

果然，馬王堆帛書《刑德甲篇‧日月風雨雲氣占》有支持的證據：「朝日，甲乙發；食時，丙丁發；……行中，戊己發；日昳，庚辛發；夕，壬癸發。」注釋：「朝日，時段名稱……食時，時段名稱，古書習見……行中，時段名稱，相當於『日中』。日昳，時段名稱，相當於日昳。夕，時段名稱，或作『夕日』。」〔註38〕相同內容又見於《刑德乙篇‧日月風雨雲氣占》。〔註39〕這裡將十個天干分成五組與一天之中五個時段相互對應。將《出行占》和《日月風雨雲氣占》一對比，不難看出前者「晨、晏、晝、昳、夕」與後者「朝日、食時、行中、日昳、夕」是等價的。那麼「晨、晏、晝、昳、夕」也應該分別對應「甲乙、丙丁、戊己、庚辛、壬癸」。我們知道甲乙屬木，丙丁屬火，戊己屬土，庚辛屬金，壬癸屬水。那麼「丁壬晨、癸戊晏、甲己晝、乙庚昳、丙辛夕，以行大凶」這句話暗含有丁壬化木、戊癸化火、甲己化土、乙庚化金、丙辛化水的意思。不過，在化氣五行代表的時間出行並不吉利，而是大凶。其中的道理我們在上一章討論過：被斗柄所指的方位（時間）無比兇險。這裡的計算轉了一個彎，即以斗杓所指的方位的天干五行為化氣，再以化氣五行所代表的時間為兇險。

事實上，用十干劃分一天的十個時段在傳世文獻中早有記載，如《左傳‧昭公五年》「日之數十，故有十時，亦當十位」。〔註40〕另外，張培瑜、張健

〔註36〕 裘錫圭主編：《長沙馬王堆漢墓簡帛集成》五，北京：中華書局，2014 年 6 月第一版，第一五六頁。

〔註37〕 同上，第一五七頁。

〔註38〕 同上，第一一頁。

〔註39〕 同上，第四六頁。

〔註40〕 楊伯峻撰：《春秋左傳注》，北京：中華書局，2009 年 10 月第三版，第一二六四頁。

先生根據馬王堆帛書《刑德》篇推斷干支紀年至遲從秦王政元年（公元前246年）開始至今從未間斷。〔註41〕李學勤先生根據《刑德》篇及《竹書紀年》的相關記載認爲戰國中期已有干支紀年。〔註42〕而張聞玉先生承襲張汝舟先生的觀點，認爲干支紀曆是從公元前427年（周考王十四年）開始行用的，其曆元近距爲甲寅年甲子月己酉日夜半冬至合朔，曆元爲公元前1567年（甲寅年）甲子月甲子日夜半冬至合朔。〔註43〕張先生的觀點很有道理，本文可以作爲其證據之一。但是其曆元起於甲寅年而不是甲子年讓人生疑，這一點還需要深入研究。

但是以上分析至少說明天干五合化氣思想以及用干支紀年、月、日、時在戰國早期已經具備了產生的條件。再進一步說，彼時紀曆很可能是以甲子年、甲子月、甲子日、甲子時爲曆元的。本文搜集的這些材料爲我們探索戰國秦漢年間的紀曆方法提供了比較重要的線索，爲我們判斷一些曆法史上的懸案提供了判斷是非的參照。比如《史記・曆書》「太初元年，歲名『焉逢』『攝提格』，月名『畢聚』，日得甲子，夜半朔旦冬至。」歲名焉逢攝提格指甲寅年，這個沒有爭議。月名畢聚指什麼呢？《索引》：「謂月值畢及陬訾也。畢，月雄也。聚，月雌也。」又引虞喜云：「月，雄在畢，雌在訾，訾則陬訾之宿。」〔註44〕《爾雅・釋天》：「月在甲曰畢，……正月爲陬」。〔註45〕月在陬訾之宿之正月顯然是指以寅月爲正月，那麼月名畢聚即是甲寅月。也有學者認爲這裡的正月爲子月。〔註46〕這個問題可以討論。如果《索引》和《爾

〔註41〕 張培瑜、張健：《馬王堆漢墓帛書刑德篇與干支紀年》，華岡文科學報，2002年第25期。

〔註42〕 李學勤著：《失落的文明》第74《干支紀年和十二生肖起源新證》，上海：上海文藝出版社，1997年12月第一版，第150～151頁。

〔註43〕 張聞玉著：《古代天文曆法講座》，桂林：廣西師範大學出版社，2017年10月第二版，第141～143頁。

〔註44〕 〔漢〕司馬遷著：《史記・曆書》，北京：中華書局，2014年8月第一版，第一五○七～一五○八頁。

〔註45〕 管錫華譯注：《爾雅》，北京：中華書局，2014年7月第一版，第395～396頁。

〔註46〕 何幼琦：《評乾嘉間關於太歲太陰的一場爭論》，《學術研究》，1979年第5期。又見張聞玉：《四分術的推演與應用》，張氏新浪博客2009年6月23日。（筆者最後一次登錄查閱是2018年4月15日）http：//blog.sina.com.cn/s/blog_4c30bd5f0100drw3.html。又見：張聞玉著：《古代天文曆法講座》，桂林：廣西師範大學出版社，2017年10月第二版，第149頁。

雅》的解釋沒有錯誤的話，那麼「歲名『焉逢』『攝提格』，月名『畢聚』」暗合的意思是甲寅年起甲寅月。

但是這樣的紀曆方法十分奇怪。一是這個甲寅年與史載丁丑並不相合，司馬遷爲什麼要記作甲寅？這個問題引起了後世的各種猜測，莫衷一是。二是甲寅年起甲寅月，這樣的紀曆方法由於史料缺乏，筆者在前秦兩漢的文獻中並沒有見到實例。倒是錢塘有一段議論：「正月甲寅者，甲寅歲人正月之名也。古歲、月俱首甲寅，爲建首人正之定法，紀年用太陰、太歲皆同。太初元年月名畢聚，用太陰紀年之甲寅月也。顓頊曆元首月名畢陬，用太歲紀年之甲寅月也。自用天正爲月首，歲、月俱始於甲子矣。」〔註47〕錢塘的意思很明白：天正曆法起於甲子年甲子月，人正曆法起於甲寅年甲寅月。如果錢塘的解釋正確，那麼《史記・曆書》所記載當是人正曆法了。但是《曆書》明明白白說「日得甲子，夜半朔旦冬至」，這到底是天正曆還是人正曆呢？相關爭議太多，還有求曆法學家指教。

以上研究了天干五合以及化氣的原理，下面我們討論爲何「天干之德不足以爲貴，而天干相合之氣才爲貴」的問題。在馬王堆帛書中天干相合之氣表示兇險，而不是「貴」。《黃帝內經》中五合化氣也僅僅是一種狀態的描述，並不表示吉利。檢視天一貴神的算法，看不出它與「化氣」有什麼關係，所以「天干相合之氣才爲貴」的說法是靠不住的（宋代子平術以五合化氣爲貴格，看來需要重新審視）。

那麼用天干五合的夫婦之道來解釋又如何呢？

我們知道「天一貴神」指居住在北天極的上帝，上帝乘坐帝車四處巡遊，而北斗爲帝車，用斗柄所指代表上帝巡遊的方位，用地支（辰）表示。十二地支也可以表示太陽視運動位置（日躔）。上一章我們討論過日躔和斗杓所指方位形成的關係叫六合，即子丑合、寅亥合、卯戌合、辰酉合、巳申合、午未合。顯然，地支「六合」的本質便是太陽（日）和上帝（北斗）的位置關係。

天干的名字本來叫「日」，天干每天輪換便是一種太陽的抽象運動。天一貴神按照天干之合來逐日推算，這種方法的設計者應該是套用了地支六合的原理並加入了陰陽刑德（生剋）的因素。即日在亥，斗柄指寅，日在戌，斗

〔註47〕 張雙棣撰：《淮南子校釋》（增訂本），北京：北京大學出版社，2013 年 1 月第二版，第三一三頁。

柄指卯⋯⋯；於是日在甲，晝貴（上帝）在己之德（支），夜貴（上帝）在己之刑（支）；日在乙，晝貴在庚之德，夜貴在庚之刑，等等。

古人的這種設計的確很巧妙，我們一邊讚歎，一邊也感覺尚有美中不足。因爲天干五合是夫妻之道，與地支六合的原理並不相同，或許正是這一點不足，難免不引起後世的諸多爭論吧。數術中，有些含有科學成分，有些含有迷信成分，有些含有思辨成分，有些含有臆想成分，我們需要仔細分辨。

第四節　餘論：戰國秦漢年間「天一」相關問題

《淮南子・天文訓》：「天神之貴者，莫貴於青龍，或曰天一，或曰太陰。」〔註48〕這句話作何理解？根據前面幾章的研究我們已經知道：二十八宿之東方七宿便是青龍，這有非常古老的淵源，在 6500 年前的西水坡 M45 星圖及戰國曾侯乙墓漆箱蓋星圖上可以非常清楚的看到這一點；天一是 5000 年前的一顆北極星，祂被當做上帝的居所，又叫天一貴神。因此，這句話應該被理解爲：天神之最尊貴者，是青龍，也有人說是天一，還有人說是太陰。（案：東方七宿青龍與太陰何以成爲天神之最尊貴者，應該與歲星紀年有關，此處不細說。）

但是有人將這句話理解爲：天神之最尊貴者是青龍，青龍又叫天一，也叫太陰。譬如清人王引之，他說：「《廣雅》曰：青龍、天一、太陰太歲也。然則太歲、太陰、歲陰、天一、青龍名異而實同也。」〔註49〕我認爲這種判斷比較武斷。

《天文訓》本身就有對王引之不利的證據，比如「太陰在寅，朱鳥在卯，勾陳在子，玄武在戌，蒼龍在辰。」蒼龍即青龍，王引之認爲「蒼龍在辰」是「淺人所加」。〔註50〕然而，太陰、朱鳥（朱雀）、勾陳、玄武、青龍都是六壬天將十二神之一，顯然《天文訓》所說的太陰和蒼龍是二不是一。

又，雙古堆漢墓出土的簡帛文獻《刑德》篇 1 號簡：「壬午立春，玄武在

〔註48〕劉文典撰：《淮南鴻烈集解》，北京：中華書局，1989 年 5 月第一版，第一二六頁。

〔註49〕〔清〕王引之著：《經義述聞》卷二十九《太歲考》，《續修四庫全書》第 175 冊，上海：上海古籍出版社，2013 年 5 月第一版，第二六四頁。

〔註50〕劉文典撰：《淮南鴻烈集解》，北京：中華書局，1989 年 5 月第一版，第一一七頁。

辰，白虎在巳，勾陳在？」，7 號簡：「勾陳在寅，青龍在辰，皇德在？」，10
號簡：「皇德在丑，刑德合東宮」，41 號簡：「太陰在辰」。〔註51〕顯然，這裡
的青龍與太陰是二不是一。

　　天一與太陰不是同一神也可以找到證據。近年公佈的《北京大學藏西漢
竹書》五《揕輿》：「楚十三年，天一在卯，太陰在丑，皆左行十二辰。」注：
「『天一』，《廣雅》：『太歲也』。根據天一所在辰位推測，此『楚十三年』及
後文『楚五年』都是戰國前期楚悼王的紀年」。〔註52〕這裡非常清楚地顯示天
一與太陰是二不是一。至於「天一」是不是「太歲」，還需要另外專門討論。
陳侃理先生認爲，不能肯定楚國在楚悼王時就採用了簡文所示的太歲排譜，
後世的堪輿家倒推回去的可能性極大。〔註53〕但是前面第三章已經討論過「天
一」是戰國初期石申夫重新命名的，所以楚國在戰國早期用「天一」、「太陰」
來紀曆很有可能。另外，此處的「天一」以年爲時間單位左行，「太陰」在「天
一」後二。大六壬天將以日爲單位運行，「太陰」也正是在「天一貴神」後二。
這種前後順序的一致性似乎表明兩者存在著淵源關係。

　　在長沙馬王堆帛書《陰陽五行乙篇》，我們可以清楚的看到「天一」神雄
踞中心被四方諸神環繞拱護的圖案（見圖 5-9《陰陽五行乙篇》傳勝圖以及圖
5-10 傳勝圖復原圖〔註54〕）。環繞的眾神中，可以看到青龍、白虎、太一、太
陰，勾陳。因此，王引之認爲太歲、太陰、歲陰、天一、青龍異名而實同是
不妥的。當然，清代沒有機會看到這麼多出土文獻，也不能都怪他吧。

　　最後還想簡單談談大六壬「天一貴神」算法與上述各類文獻中的「天一」
運算的關係問題。北大漢簡《揕輿》僅僅列出了天一與太陰的位置關係，並
且是以年爲時間單位運行，雖然這兩個神煞與大六壬天將中的天一、太陰名
字以及排列順序完全相同，但是大六壬中天將的其他神煞在《揕輿》中未提
及，由於史料缺乏尚不能認爲大六壬天將十二神作爲一個整體在戰國初期已
經成型，但是兩者存在著淵源關係是可以肯定的。

〔註51〕 胡平生：《阜陽雙古堆漢簡數術書簡論》，《出土文獻研究》第四輯，北京：中
　　　　華書局，1998 年 11 月第一版，第 18～21 頁。

〔註52〕 《北京大學藏西漢竹書》五，上海：上海古籍出版社，2014 年 12 月第一版，
　　　　第一三九頁。

〔註53〕 同上，第二三九頁。

〔註54〕 裘錫圭主編：《長沙馬王堆漢墓簡帛集成》二，北京：中華書局，2014 年 6
　　　　月第一版，第一二～一三頁。

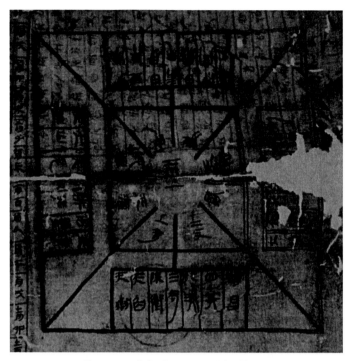

圖 5-9 《陰陽五行乙篇》傳勝圖

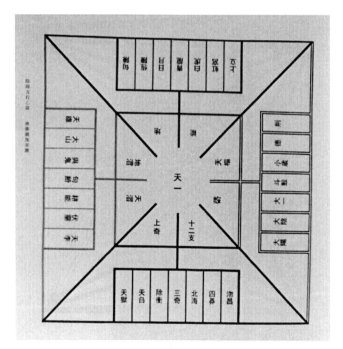

圖 5-10 傳勝圖復原圖

馬王堆漢墓帛書有一些關於天一的占法。比如《刑德丙篇·傳勝占》，釋文首先按照中、北、東、南、西五宮的順序釋讀了傳勝圖上的神煞；然後對占法進行解說。雖然脫字太多，但是從解說部分依然可以看出其與大六壬天將的運行完全不同，看不出兩者占法有繼承關係，所以此處不轉引。〔註55〕值得一提的是：第一，雖然占文中有「天一者，雄也，而從左行。地一者，雌也，而從右行。」但是從釋讀的內容中看不出「天一」參與運行和占測，祂只代表中央之神；第二，傳勝圖四宮各有七個神煞，合計二十八，這個數字與六壬式盤四方各七宿，合計二十八宿的數字相同，這一點說明兩者在時空構思上存在相似性；第三，傳勝占中的神煞天一、太陰（大陰）、白虎、青龍、勾陳在六壬占法的天將中也存在，前者的太一（大一）屬於後者的月將之一（申月太一巳將），這說明後者吸收了前者的某些因素而從新構建了一套神煞系統。

又如馬王堆帛書《陰陽五行甲篇·天一》：「所以勝天一：東以庚寅，南以戊寅，西以甲寅，北以丙寅。天一之徙：以十一月、十二月戊辰，八？？」又以「天一日」起頭，按照「困、觸地、責、小生、大生、小耗、大耗、小逆、小得、大得、大成、憂」十二神的順序依次釋讀其占卜吉凶。〔註56〕具體占測方法不詳，但是可以肯定與大六壬占法完全不同，故此處不轉引。饒宗頤先生認為：「天一日」三字，明顯是引用了天一家著作所說。〔註57〕本文完全贊同。

前面已經提到，《淮南子·天文訓》說：「太陰在寅，朱鳥在卯，勾陳在子，玄武在戌，蒼龍在辰」，其中朱鳥即朱雀、蒼龍即青龍。又說「凡徙諸神，朱鳥在太陰前一，鉤陳在後三，玄武在前五，白虎在後六，虛星乘鉤陳而天地襲矣」。細究起來，兩處提到的這些神煞的排列順序並不一致，應該是傳抄錯誤。又說「太陰在寅，歲名曰攝提格……太陰在卯，歲名曰單閼……」，顯然這是以「歲」為單位運行。這裡一共出現六個神煞，分別對應一個地支，那麼肯定還存在另外六個神煞。這些神煞在大六壬天將中都存在，沒有提到

〔註55〕裘錫圭主編：《長沙馬王堆漢墓簡帛集成》五，北京：中華書局，2014 年 6 月第一版，第五〇～五三頁。

〔註56〕同上，第六八～六九頁。

〔註57〕饒宗頤著：《馬王堆〈陰陽五行〉之〈天一圖〉——漢初天一家遺說考》，《饒宗頤二十世紀學術文集》卷三《簡帛學》，北京：中國人民大學出版社，2009 年 9 月第一版，第 106 頁。

的神煞是不是也與六壬同，因材料不足還不能判斷。可以判斷的是，這些神煞與六壬天將的排法不同，順序也不同。

在雙古堆漢墓簡帛《刑德》中明確提到了玄武、白虎、勾陳、青龍、皇德、太陰七位神煞，釋讀者認爲「皇德」可能是朱雀。由於簡殘缺得厲害，我們難以作出進一步的分析。

從以上材料看，大六壬占法中的天將神煞系統與漢初天一家肯定存在著源流關係，但是具體的演變過程，由於史料缺乏，難以作出細緻而準確的分析。胡平生先生認爲雙古堆簡《刑德》與《天文訓》所見諸神最爲簡略，帛書諸神與六壬十二天將較爲複雜，它們大概分別代表了刑德理論發展過程中的一個一個的階段。〔註58〕本文基本同意他的觀點。

小結

本章我們討論了傳世文獻記載的「天一貴神」三種主要的算法，通過對其算法邏輯梳理，通過對《吳越春秋》記載的幾則六壬占法案例的分析，本文認爲：《通書》記載的出自東晉學者郭璞的算法是東漢時期大六壬占法正式形成時的原始算法，其邏輯完美清晰，但是比較繁瑣，在後世的流傳過程中，至遲在六朝時期被簡化。

本文進一步討論研究了「天一貴神」算法的原理，認爲其體現了春秋戰國以來陰陽刑德思想的演進，體現了「日」與「北斗」運行的具象關係（地支六合）和抽象關係（天干五合）。天干的名字本來叫「日」，天干每天輪換便是一種太陽的抽象運動。天一貴神按照天干之合來逐日推算，這種方法的設計者應該是套用了地支六合的原理並加入了陰陽刑德（生剋）的因素。本文結合傳世文獻和出土文獻進行比對研究，認爲天干五合的思想至遲在戰國中期就已經存在了，但是後世一些文獻將天干五合與河圖配數生拉硬扯湊在一起來解釋「妃以五成」，尤其牽強附會，把河圖洛書那種數字遊戲搞得神乎其神其實是戰國中期之後才萌芽的一種東西。本文通過傳世文獻和出土文獻的考證，進一步研究了「天干五合化氣」以及《黃帝內經》「丹天之氣，經於牛女戊分，黔天之氣，經於心尾己分……」的原理，認爲它們源於干支紀曆，

〔註58〕 胡平生：《阜陽雙古堆漢簡數術書簡論》，《出土文獻研究》第四輯，北京：中華書局，1998 年 11 月第一版，第 21 頁。

在戰國中晚期已經具備了產生的條件，彼時紀曆的起點很可能是甲子年、甲子月、甲子日、甲子時，這為我們探索戰國秦漢年間的紀曆方法提供了比較重要的線索。

最後，本研究結合傳世文獻和出土文獻的比對，認為《淮南子・天文訓》：「天神之貴者，莫貴於青龍，或曰天一，或曰太陰。」這句話應該被理解為：天神之最尊貴者，是青龍，也有人說是天一，還有人說是太陰。大六壬占法中的天將神煞系統與漢初天一家肯定存在著源流關係。

第六章　大六壬的最終形成

通過前面四章的研究討論，現在我們可以對大六壬的形成做一個小結。

第一章追溯了大六壬的起源，我們可以發現中國哲學「天人合一」思想、中國宗教「上帝」「九天玄女」等概念與中國古代天文學的基礎知識，它們在源頭上是交織在一起的；可以清楚地看到宗教的、哲學的、科技的思想在其發源之處並沒有明顯的分別。這是我們通過數術學的途徑切入思想史、哲學史的研究所取得的一個收穫。

第二章探究了大六壬最重要的神煞「天一貴神」的來源。作爲居住在天之中央的上帝，在歲差的作用下其位置緩慢向西北方位偏倚，這便是「天傾西北」的由來，也是象數易學模型「天門（西北乾）地戶（東南巽）」的來源；又由於春秋戰國時期人們思辨能力的提升，這位天地的主宰被冠名以「天一」，在數術學中祂雖然依然是神通廣大，但其本身也要受制於數。所謂數，便是天地與人的發展變化的規律。

第三章、第四章我們分析了月將、天一貴神算法的源流。在梳理傳世文獻和出土文獻並對大六壬的主要占法進行辨析的過程中，我們可以清楚地看到大六壬作爲一種獨特的數術形式，正式形成在西漢晚期和東漢早期之間，其中包含了早期數術的諸多元素。爲了說明這一結論，還需要做如下補充：

一是以現有的傳世文獻看，六壬這個名稱最初出現在《抱朴子》外篇《自敘》：「晚學風角、望氣、三元、遁甲、六壬、太一之法，粗知其旨，又不研精。」〔註1〕在《漢書·藝文志》中並無「六壬」占法而存在「天一」占法。

〔註1〕楊明照撰：《抱朴子外篇校箋》，北京：中華書局，1997年10月第一版，第六五六頁。

《史記‧日者列傳》：「孝武帝時，聚會占家問之，某日可娶婦乎？五行家曰可，堪輿家曰不可，建除家曰不吉，叢辰家曰大凶，曆家曰小凶，天人家曰小吉，太一家曰大吉。辯訟不決，以狀聞。制曰：『避諸死忌，以五行爲主。』」〔註2〕這裡也無六壬占法，但是明確提到「天人家」，與「太一家」並列。清人錢大昕認爲此處「天人家」應是「天一家」〔註3〕，很有道理。從馬王堆帛書《陰陽五行乙篇》看，西漢時期肯定有天一占法，天一家與大六壬存在源流關係是可以肯定的。饒宗頤先生曾撰文《馬王堆〈陰陽五行〉之〈天一圖〉——漢初天一家遺說考》論述天一家與大六壬的關係，可以參閱。

第二，本文認爲大六壬占法中還包含古堪輿術的元素。

馬王堆帛書《陰陽五行甲篇‧堪輿》：「凡庫、無堯、鄈、**掩衡**、**折衡**、**後衡**、勺、晢毋以祭祀，至死。」又說「角、亢掩衡；尾、箕後衡；東井、輿鬼掩衡；翼、軫後衡；奎、婁掩衡；觜觿、參後衡；斗、牽牛掩衡；營室、東壁後衡。」〔註4〕另外，北大藏西漢竹書《揕輿》篇也有類似文句「凡厭、衝、無堯、陷、掩衡、折衡、負衡……連以祭，咎至死，及酒肉。」注釋說：

> 「閹衡」、「折衡」、「負衡」，亦見於北大漢簡《日忌》「欽輿」
> 章及馬王堆帛書《陰陽五行》甲篇。「衡」，北斗斗柄的中部，《史記‧天官書》「衡殷南斗」集結引晉灼曰：「衡，斗之中央。」此處用以指斗柄。「閹」，《日忌》作「奄」，帛書作「掩」。「閹」、「奄」並通「掩」。「掩衡」、「折衡」、「負衡」，應該都是指星宿與斗柄的相對位置關係。「掩衡」謂星宿掩於斗柄之上。「折衡」指與斗柄垂直。「負衡」謂在斗柄下，以背負之，馬王堆帛書《陰陽五行》甲篇作「後衡」。《黃帝龍首經》卷上亦載此三名，以爲皆凶，唯「衡」字均譌作「衝」。〔註5〕

〔註2〕〔漢〕司馬遷著：《史記》，北京：中華書局，2014年8月第一版，第三九一四頁。

〔註3〕〔日〕瀧川資言著：《史記匯注考證》，北京：文學古籍刊行社，1955年7月第一版，第5078頁。

〔註4〕裘錫圭主編：《長沙馬王堆漢墓簡帛集成》五，北京：中華書局，2014年6月第一版，第九三一～九七頁。

〔註5〕北京大學出土文獻研究所：《北京大學藏西漢竹書》五，上海：上海古籍出版社，2014年12月第一版，第一三四頁。

　　《黃帝龍首經》是傳世文獻中最早的大六壬經典，其與馬王堆帛書《堪輿》、北大藏西漢竹書《揕輿》共同出現「掩衡」「折衡」「負衡」這三個術語，似乎說明堪輿家與大六壬存在源流關係。如果說僅從這三個術語就作出這樣的判斷略顯證據單薄的話，那麼更重要的證據在於：根據《北大漢簡所見的古堪輿術》披露，其大會日在占測中可以一推再推。〔註6〕如果我們將這種一推再推的方法與大六壬四課三傳的課傳法一比較，就可以清楚看到它們如出一轍。「四課三傳」是大六壬最重要的推演環節之一，但是這種推演僅僅是一種天地盤十二支的迭代運算，並不直接涉及古代天文學的原理，所以我們在上篇中並未安排專門的章節來討論課傳問題，現在為了說明它與堪輿術的關係需要做一個簡單的介紹。

　　先說課傳法，詳見注釋〔註7〕，注釋中圖 6-1 如下所示，所列四課干支算式從右往左看，最底下十二支圍成的方形為天盤圖，地盤省略，天盤戌疊加在地盤寅之上。

〔註6〕同上，第二三三頁。

〔註7〕〔清〕袁樹珊著：《大六壬探源》，北京燕山出版社，2010 年 9 月第一版，第四～五頁。原文如下：

　　歌訣云：「甲課在寅乙課辰，丙戊課巳不須論，丁己課未庚申上，辛戌壬亥是其真，癸課原來丑宮坐，分明不用四正神。」此歌訣皆指地盤而言，切須牢記。其法先看地盤本日干寄宮位上得何辰？為第一課。再看第二課位上得何辰？為第二課。又看本日支上得何辰？為第三課。再看第三課位上得何辰？為第四課。

　　甲寄寅宮，乙寄辰宮，丙寄巳宮，丁寄未宮，戊寄巳宮，己寄未宮，庚寄申宮，辛寄戌宮，壬寄亥宮，癸寄丑宮〔子、午、卯、酉為四正神無寄宮〕。

　　假如甲子日演課，歌訣是甲課在寅，即看地盤寅上所加之時。如所加是戌，即於日干甲上寫一戌字，枝干中間所空之處亦寫一戌字。凡課皆如此，此是第一課。一課起後，再看地盤戌上所加之時，如所加是午，即於戌上寫一午字，此是第二課。蓋寅上得戌，戌上得午也。二課起後再看地盤子上所加之時，如所加是申，即於日支子上寫一申字，子字之旁亦寫一申字，如第一課戌字一樣。凡占皆如此，此是第三課。三課起後，再看地盤申上所加之時，如所加是辰，即於申上寫一辰字，此是第四課，列式於左（筆者注：如圖 6-1）。

　　三傳

　　四課既成，乃取三傳。其式有九：曰「賊尅」、曰「比用」、曰「涉害」、曰「遙尅」、曰「昴星」、曰「別責」、曰「八專」、曰「返吟」、曰「伏吟」。

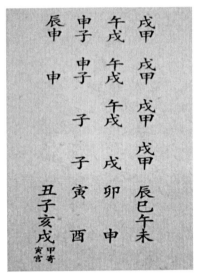

圖 6-1　四課三傳圖（採自《大六壬探源》第四～五頁）

　　注釋中「其式有九」指所列九種課式，具體算法很複雜，不細說。但是求「三傳」的方法不外乎是：先根據四課的生剋情況按照九種課式方法取得初傳（即某一地支）記下來，比如說是「戌」，然後找到地盤戌的位置，查看戌上所臨天盤之支，如圖 6-1 所示為午，則午為二傳，再看地盤午上所臨天盤之支，如圖 6-1 所示為寅，則寅為三傳。將初、二、三傳記錄下來為：戌午寅。三傳是進一步推算的基礎。

　　從四課三傳的推演過程我們可以看到這實際上是一種天、地盤的地支反覆迭代的運算方法。

　　我們再來看看《北大漢簡所見的古堪輿術》披露的大會日在占測中可以「一推再推」是什麼意思。古堪輿術規定一年中有八個大會日，分別是正月甲戌、二月乙酉、五月丙午、六月丁巳、七月庚辰、八月辛卯、十一月壬子、十二月癸亥（案：大會日的求法此處不細論，可參閱《北大漢簡所見的古堪輿術》）；又規定，按照六十甲子的順序（即甲子、乙丑、丙寅、丁卯……壬戌、癸亥）每個大會日逆推至上一個大會日（含）為本大會日所領之日如表 6-1。

　　文章分析了《堪輿》所記載的四個案例，指出大會所領日可以一推再推。意思是說某一個占日被一個大會日所領，比方說丁卯日被甲戌日所領，根據這個大會日甲戌可以占測吉凶；而這個大會日又被另一個大會日所領，比方說甲戌日被庚辰日所領，可以根據庚辰日進一步占測吉凶；而這另一個大會日又被一個大會日所領，比方說庚辰日被乙酉日所領，還可以根據乙酉日進一步占測吉凶。

這種一推再推的計算方法與四課三傳的推演方法雖然表現形式不同，但是其思維模式卻是一致的。

另外，本文認為大六壬占法中包含古堪輿術元素的第三個證據是，如果比對《堪輿》大羅圖與六壬式盤的地盤（見圖6-2、圖6-3），兩者的相似處是顯而易見的：外層的二十八宿分佈完全相同，次外層的月份完全相同。令人疑惑的是大羅圖每個月還對應一個地支，這個地支是逆時針環繞的，與六壬式盤地支順時針環繞很不相同，但是當我們瞭解到大羅圖的地支是指當月陰建，而非月建本身，疑慮頓消。

表6-1　大會日及大會所領之日

大會日	大會所領日
正月甲戌	癸亥、甲子、乙丑、丙寅、丁卯、戊辰、己巳、庚午、辛未、壬申、癸酉
七月庚辰	甲戌、乙亥、丙子、丁丑、戊寅、己卯
二月乙酉	庚辰、辛巳、壬午、癸未、甲申
八月辛卯	乙酉、丙戌、丁亥、戊子、己丑、戊寅
五月丙午	辛卯、壬辰、癸巳、甲午、乙未、丙申、丁酉、戊戌、己亥、庚子、辛丑、壬寅、癸卯、甲辰、乙巳
十一月壬子	丙午、丁未、戊申、己酉、庚戌、辛亥
六月丁巳	壬子、癸丑、甲寅、乙卯、丙辰
十二月癸亥	丁巳、戊午、己未、庚申、辛酉、壬戌

以上我們分析了大六壬占法與古堪輿術存在著淵源關係。

此外，從周家臺秦簡《日書》中我們可以看到二十八宿占法，這顯然是大六壬的核心要素──日在加時占法的早期形式。詳細情況請參閱第四章第三節。

所以我們有理由認為，成形於西漢晚期至東漢早期的大六壬占法是吸收了包括古堪輿家、天一家等術家中的有關要素再加上月宿占法和日在加時占法而綜合形成的，大六壬本身是個大雜燴。

古人用大六壬等數術預測未來，希望趨吉避凶。我們非常關心一個問題：大六壬真的可以預測未來嗎？如果不能，它何以傳承兩千年不絕？何以那麼多聰明人去學習它、研究它？如果它是一種江湖騙術，它能夠把人欺騙到兩千年來都信以為真，在這科學昌盛的今天也該深刻地揭露其欺騙的本質了！而不是膚淺地批判：因為它是一種騙術，所以它是一種騙術！或者含糊其辭：

因爲它不像一種科學，所以它是一種騙術！

如果它可以預測未來，背後的機理是什麼呢？在科學昌明的今天，也該嘗試著去探索和發現這種玄妙現象背後的秘密了！而不是膚淺地相信：因爲這是老祖宗留下來的寶貝，我深信不疑。另外，眞的有一個命運的力量在支配我們的思想、行爲和際遇嗎？命運可以改變嗎？

這些問題，我們將在下篇諸章節來展開討論。

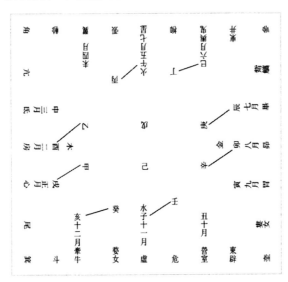

圖 6-2　大羅圖（採自《北京大學藏西漢竹書》五，第一四〇頁）

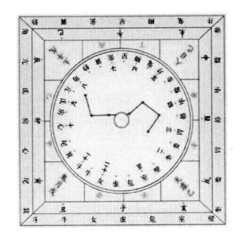

圖 6-3　六壬式盤參照西漢汝陰侯墓出土六壬式盤繪製